제2판

농업경영학의
이해

신용광

박영사

　한국농업이 점점 대규모화되고 전문화되면서 농업경영인도 단순히 농산물을 생산하는 수준에서 벗어나 생산과 유통 그리고 시장정보 등을 정확히 분석하고 이에 따른 대응전략을 제시할 필요가 있지만, 이러한 문제들의 해결방법들을 서술한 저서는 많지 않다. 이미 집필된 농업경영 설계 및 분석과 관련한 일부 저서들도 전문적인 영역에 대한 이론적인 접근 방법들이 대부분으로 소수의 전문가들을 대상으로 저술된 전문서적들이 대부분이다.

　이 책은 저자가 한국농수산대학에서 강의하는 농업경영학 강의내용을 바탕으로 대학교 재학생들 또는 기초를 공부하고자 하는 대학원생뿐만 아니라 일반 농업경영인들도 농업경영에 대한 설계와 평가 그리고 분석방법 등을 쉽게 이해할 수 있도록 저술하였다.

　제1장에서는 농업의 내·외부 환경변화에 대응한 경영학의 역할에 대해 설명하였다. 제2장에서는 농업경영체의 목표선정방법에 대해 설명하고 제3장과 제4장에는 목표달성을 위한 투입요소와 경영조직형태에 대해 설명하였다. 제5장에는 최근 중요성이 점점 커져가는 농업자금의 조달방법과 운영계획을 설명하고 제6장부터 제7장 그리고 제8장까지는 농업투자분석, 농산물 생산분석, 농산물의 유통과 판매분석을 설명하였다. 제9장은 농업회계분석으로 농장분석의 기본이 되는 원가계산서, 손익계산서, 대차대조표, 현금흐름표 등의 재무제표를 설명하였다. 제10장은 농장의 성장성, 안전성, 생산성을 분석하는 농업경영성과분석 내용을 정리하고, 제11장은 농장의 사업계획서 작성방법을 설명하였다. 마지막으로 제12장은 품목별 수급상황을 정리하여 품목에 대한 산업전반을 이해할 수 있도록 저술하였다.

　아무쪼록 이 책이 농업경영에 관심을 가진 독자들에게 농업경영의 원리를 조금이라도 이해하는데 도움이 되기를 바라며 이 책을 출판함에 있어 도움을 준 많은 분들에게 고맙다는 감사의 인사를 드린다.

신용광

머리말

한국농업이 점점 대규모화되고 전문화되면서 농업경영인도 단순히 농산물을 생산하는 수준에서 벗어나 생산과 유통 그리고 시장정보 등을 정확히 분석하고 이에 따른 대응전략을 제시할 필요가 있지만, 이러한 문제들의 해결방법들을 서술한 저서는 많지 않다. 이미 집필된 농업경영 설계 및 분석과 관련한 일부 저서들도 전문적인 영역에 대한 이론적인 접근 방법들이 대부분으로 소수의 전문가들을 대상으로 저술된 전문서적들이 대부분이다.

이 책은 저자가 한국농수산대학에서 강의하는 농업경영학 강의내용을 바탕으로 대학교 재학생들 또는 기초를 공부하고자 하는 대학원생뿐만 아니라 일반 농업경영인들도 농업경영에 대한 설계와 평가 그리고 분석방법 등을 쉽게 이해할 수 있도록 저술하였다.

제1장에서는 농업의 내·외부 환경변화에 대응한 경영학의 역할에 대해 설명하였다. 제2장에서는 농업경영체의 목표선정방법에 대해 설명하고 제3장과 제4장에는 목표달성을 위한 투입요소와 경영조직형태에 대해 설명하였다. 제5장에는 최근 중요성이 점점 커져가는 농업자금의 조달방법과 운영계획을 설명하고 제6장부터 제7장 그리고 제8장까지는 농업투자분석, 농산물 생산분석, 농산물의 유통과 판매분석을 설명하였다. 제9장은 농업회계분석으로 농장분석의 기본이 되는 원가계산서, 손익계산서, 대차대조표, 현금흐름표 등의 재무제표를 설명하였다. 제10장은 농장의 성장성, 안전성, 생산성을 분석하는 농업경영성과분석 내용을 정리하고, 마지막으로 제11장은 농장의 사업계획서 작성방법을 설명하였다.

아무쪼록 이 책이 농업경영에 관심을 가진 독자들에게 농업경영의 원리를 조금이라도 이해하는 데 도움이 되기를 바라며 이 책을 출판함에 있어 도움을 준 분들 특히 이효순, 신민재, 신성재에게 고맙다는 감사의 인사를 드린다.

신용광

Chapter 1

농업환경변화와 경영학

농업환경변화와 경영학

Chapter

01

농업경영학은 농장을 경영하는 이론과 방법을 배우는 실천 학문이다. 소규모의 자급자족 농업에서는 농장을 경영한다는 인식이 부족하였으나 시장개방화에 대응하기 위한 상업적 영농과 농업법인 등의 출현으로 농장 규모가 확대됨에 따라 농업도 내·외부 환경변화에 대응한 농장경영이 중요하다는 인식이 증가하고 있다. 농업의 지속가능성을 유지하기 위해서는 이제는 농업도 경영을 해야 하는 시대이다.

본장에서는 농업을 둘러싼 내·외부 환경변화 실태와 농업경영학의 역할에 대해 살펴본다.

01 농업의 환경변화

1.1 외부환경변화

1.1.1. 글로벌 경제와 농산물 개방화

우루과이라운드 이후 시작된 다자간무역협상이 지연되면서 농업통상정책은 각종 FTA 추진으로 집중되고 있다. 한미, 한중, 한EU 등 2021년 3월 총 59개국과 21건의 FTA를 체결하였으며 농산물 수입액의 80% 이상을 FTA 체결국에서 수입하고 있다. 특히 최근에는 정치, 경제, 문화 등 모든 영역에서 글로벌화가 진행되고 있으며 동북아경제블록화, 아시아연합경제권 형성 등의 다양한 경제통합도 예상된다.

| 그림 1-1 | FTA 발효 현황(2021년 6월 기준) |

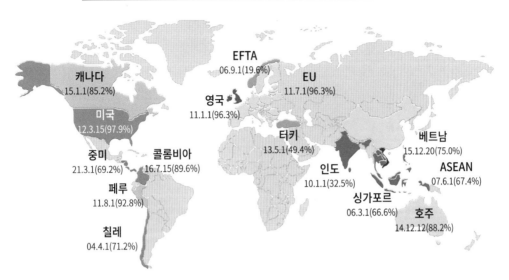

주: ( )는 국가별 협정문의 농축산물 전체 품목(HS 10단위) 수에서 계절관세/현행관세유지/TRQ/미양허/부분감축 등을
   제외하고 관세율이 완전히 철폐되는 품목(HS 10단위) 수의 비중(관세철폐율)을 의미함.
자료: FTA 강국 KOREA.

각종 FTA가 진행되면서 농축산물 무역규모도 크게 증가하였다. 농축산물 수입액은
2001년 약 68억 달러에서 2021년 약 338억 달러로 약 5배 증가하였다. 동일기간에 농
축산물 수출액도 2001년 13.7억 달러에서 2021년 81억 달러로 증가하였다.

금후 농축산물 무역수지는 한국농촌경제연구원의 전망치에 따르면 2031년 수입액
이 연평균 1.6%씩 증가하여 395.9억 달러로 전망되며 수출액도 연평균 3.3% 증가하여
112억 달러에 이를 전망이다. 2031년 무역수지적자는 연평균 1.0% 확대되어 283.3억
달러로 전망된다.

또한 FTA 추진시 설정된 관세의 완전철폐 연도도 점점 다가오고 있어 수입물량의
증가는 더 이상 피하기 어려운 현실로 나타날 전망이다. 미국과 칠레와의 FTA 추진시
설정된 포도와 오렌지의 관세완전철폐 시기는 2016년에 이미 지났다. 축산물도 돼지고
기와 닭고기에 대한 관세완전철폐 시기는 2021년에 이미 지났으며 소고기에 대한 관세
완전철폐 시기도 미국 2026년, 호주 2028년으로 점점 다가오고 있다.

표 1-1 농축산물 수입현황 및 전망 (단위: 억 달러, 천 톤)

| | 2001 | 2020 | 2021 (추정) | 전망 | | |
				2022	2026	2031
총 수입액(A)	68.0	283.0	338.0	322.1	338.8	395.9
수입량	23,953	37,473	38,047	37,432	39,562	45,676
수입물량 (천 톤) 7대 곡물	13,743	16,876	17,579	17,903	18,326	19,227
5대 채소	72	238	277	309	264	273
6대 과일＋열대과일	347	765	766	758	752	790
5대 축산물	235	1,064	1,132	1,124	1,200	1,376
종수출액(B)	13.7	71.7	81.0	90.5	96.6	11.20
수출량	1,288	3,296	3,433	3,762	3,964	4,223
무역수지적자(A－B)	54.3	211.2	256.9	231.6	242.2	283.8

주 1: 목재류와 산림부산물을 제외한 농식품 무역 자료임.
　　2: 7대 곡물(쌀, 보리, 밀, 콩, 옥수수, 고구마, 감자), 5대 채소(무, 배추, 고추, 마늘, 양파), 6대 과일(사과, 배, 복숭아, 포도, 감귤, 단감)은 품목별 유통연도 기준으로 산출함.
　　3: 5대 축산물(소, 돼지, 닭, 계란, 낙농품) 및 오렌지·열대과일은 회계연도 기준으로 산출함.
자료: 한국농촌경제연구원 농업전망. 2022.

표 1-2 FTA별 주요 품목별 수입관세 철폐 추세 (단위: 만 톤, %)

| 구분 | | 2015년 수입 | | 소비량 대비 수입비중(2015) | 2016년 현재 | 관세 완전철폐 연도 |
		규모	비율*			
돼지고기	미국	16.0	31.2	29.5	0.0 (냉동돼지고기)	2021
	EU	25.8	50.5		0.0 (냉동돼지고기)	2021
소고기	미국	11.3	37.8	55.6	26.7	2026
	호주	16.4	55.1		32.0	2028
닭	미국	1.1	10.8	17.6	10.0 (냉동닭다리)	2021
포도	칠레	4.4	76.7	17.5	0.0(계절관세)	2013
	미국	0.6	10.5		0.0(계절관세)	2016
오렌지	미국	13.0	83.2	100.0	10.0 (계절관세)	2018

주: 해당 품목의 총수입량 대비 해당 국가로부터의 수입량 비율
자료: 한국농촌경제연구원 내부자료, 2016.

1.1.2. 4차 산업혁명 시대의 도래

사물인터넷(IoT), 인공지능(AI), 빅데이터 등과 같은 4차 산업혁명 기술이 농업생산과 농촌현장에도 영향을 미치기 시작함으로써 농업의 구조적 변화가 예상된다. 스마트팜 또는 인공지능 로봇 출현, IT기반 유통체계 개발 등을 통하여 농업분야의 혁신적 변화가 예상된다. 드론을 활용한 항공방제시스템, 무인로봇을 이용한 생산시스템, 3D프린터 등의 기술이 농식품분야에서 활용되고 있다. 또한, 고령화된 농촌사회에 IoT 기술을 접목한 의료서비스, 돌봄이 등의 출현으로 농촌복지도 강화될 전망이다.

정보통신(IT), 바이오기술(BT), 나노기술(NT) 등을 활용한 신기술이 농업부문에 활용됨으로써 농업의 생산성이 높아지고 기능성 신품종 출현으로 새로운 먹거리 산업의 변화가 예상된다.

표 1-3 주요 국가의 농업분야 IT 적용사례

	1784년	1870년	1969년	2020년 이후
	1차 산업혁명	2차 산업혁명	3차 산업혁명	4차 산업혁명
	증기기관 혁명과 기계화 생산	전기를 활용한 대량 생산	컴퓨터와 인터넷 기반의 지식정도	사물인터넷 및 인공지능 기반의 초연결
	생산통제 사람	생산통제 사람	생산통제 사람	생산통제 기계
발전 방향	• 전통농업·관행농업	• 비료, 농약, 농기계 활용 확대에 따른 화학농법	• 농업 품질 개선, 다양화 • 농업의 자동화 • 정밀농업발절	• 농업의 지능화무인화 • 정밀농업의 고도화 • 스마트 농업으로 진전
특징	• 노동집약적 • 비교적 낮은 생산성 • 경험기반	• 농업의 규모화 • 생산성 제고	• 다품종 소량생산 • 신기술의 농가보급	• 맞춤형 대량생산 • 최적의 의사결정 • 데이터 기반의 예측 농업
기술 발전	• 토지, 노동, 자본 등 기본적인 투입 요소	• 농경 기술 진보	• 컴퓨터·인터넷, GPS	• 사물인터넷, 클라우드, 빅데이터, 인공지능, 블록체인 등 • 데이터가 노동, 지식, 경험 등을 대신하는 새로운 시대

고투입·저효율 ──────────────────────────────── 저투입·고효율

자료: 삼정KPMG경제연구원. 2019. 스마트농업. 다시 그리는 농업의 가치사슬

4차 산업혁명 기술이 도입되면 농업의 각 부문에서 다양한 성과가 기대된다. 먼저 생산자는 로봇, 드론, 식물공장 등의 4차 산업혁명 기술을 도입함으로써 생산부문에서 농업의 가장 큰 애로사항인 노동력 부족 문제를 해소할 수 있다. 또한 사물인터넷 기술을 활용하여 토양, 기상 등의 자료를 분석함으로써 농장의 복합환경제어 관리가 가능하다. 둘째, 유통관련 주체는 화상경매와 직거래 유통이 활성화됨으로써 유통단계가 대폭 축소되어 물류비 절감과 감모율 감소 등의 기대효과가 발생하고, 궁극적으로는 유통시스템 자체의 변화가 예상된다. 셋째, 소비자는 각종 표시제도를 이용하여 구입처에서 바로 농산물의 생산이력을 추적함으로써 신뢰성 있는 농산물을 구입하는 등 다양한 변화가 기대된다.

1.1.3. 기후변화에 따른 영농환경 변화

지구 평균기온은 1880~2012년 사이에 0.85℃ 상승하였고, 해수면은 1901~2010년 사이에 0.19m 상승하였다. 국내 평균기온도 1912~2008년 사이에 1.7℃ 상승하는 등 기

| 그림 1-2 | 한반도 기후변화의 영향 |

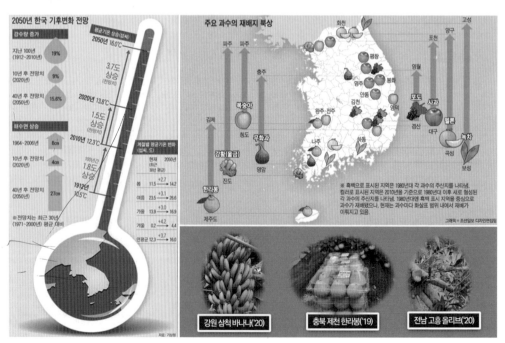

자료: 신용광·이종원. 2022. 4차산업혁명과 스마트팜기술. 한국저장식품유통학회 심포지움

후변화의 영향이 점차 증가하고 있다.

농촌진흥청에 따르면 평균기온이 점점 상승하면 아열대 기후지역이 증가할 것으로 예상한다. 이에 따라 농업 분야에서는 사과, 한라봉, 무화과, 포도, 보리 등의 재배 북방 한계선이 상승하고 있으며, 기상변화의 영향으로 고랭지 채소 재배면적이 점점 감소 추세에 있다. 한편 아열대작물로 분류되어 재배가 불가능했던 작물들이 신규로 재배되기 시작하고 있다.

또한 화석연료 가운데 이용량이 많은 석유, 천연가스, 석탄 등이 향후 약 100년 전후로 고갈될 것으로 전망되며, 기후변화, 환경오염 등의 문제로 신재생에너지 또는 대체에너지의 중요성이 증대할 것이다. 농업도 시설작물 재배에 필요한 에너지 사용은 불가결한 생산요소이기 때문에 기후변화와 화석연료 고갈에 대비한 대응책을 조속히 마련할 필요가 있다.

1.1.4. 농업의 다원적 기능에 대한 중시

국가의 경제적 성장과 소득증대라는 양적인 가치에서 개인의 삶의 질을 중시하는 사회로 탈바꿈하고 있다. 미래 사회는 개성이 중시되는 동시에 집단지성, 지식창조가 발휘되는 사회로 변화될 전망이다.

국민의 삶의 질 향상을 위하여 농업·농촌이 지닌 공익적 가치의 재발견으로 건강한 먹거리 공급과 휴식공간을 제공하는 농업으로의 전환이 중요시 되고 있다. 농촌을 환경친화적인 어메니티 자원을 활용한 휴양, 치유, 교육 공간으로 활용하고 안전한 먹거리를 생산하여 국민의 건강을 책임지는 농업·농촌의 본원적 가치 등이 재발견되고 있다. 최근에는 로컬푸드, 6차산업화, 친환경농업, 농어촌체험휴양마을 등 농업·농촌의 가치를 추구하는 새로운 농정이 검토되고 있다.

농업·농촌의 다원적 기능을 새로운 비즈니스 영역으로 확장한 대표적인 사례로는 농촌관광사업, 농촌체험휴양마을사업, 로컬푸드마을사업, 팜파티, 편백농원 등의 사업들이 있다. 이러한 사업들은 국민들의 소득수준이 향상되면서 농업·농촌에 대한 시각이 단순히 농산물을 생산하는 1차 산업이란 시각에서 경관, 교육, 휴양 등과 같은 다원적 기능에 대한 시각이 형성되고 있음을 보여주는 대표적인 사례들이다.

농업의 다원적 기능과 공익적 가치를 정책적으로 실현하기 위해서는 이들 가치를 구체적으로 제시할 수 있는 논리 정립을 통한 사회적 공감대가 형성되어야 한다. 최근 농업계에서는 농업의 다원적 기능의 헌법 명문화 필요성과 논거를 마련하고 있다. 농업·

농촌의 다원적 기능의 법제화가 왜 필요한지, 헌법 가치에 부합하는지 등에 대한 검토
가 필요하며 다원적 기능이 발현될 수 있도록 국가가 수행해야 할 책무를 헌법 조항에
반영하는 한편, 이에 상응하는 생산자 등의 책임과 역할에 대한 관련 법규와 제도가 필
요하다.

1.2 내부환경변화

1.2.1. 농림어업의 비중 감소

1970년대 경제성장 시대에는 농업이 여러 측면으로 볼 때 우리나라 경제에서 매우
중요한 위치를 차지하는 산업이었다. 1970년대 이후 농업생산액은 2010년대 초반까지
성장을 지속하였지만 2010년대 중반 이후에는 정체 단계에 접어든 것으로 보여진다.
2020년 현재 농업생산액은 약 50조원을 생산하고 있다.

그러나 국민총생산액 증가율에 비해 농업생산액 증가율이 낮아 국민총생산에서 차
지하는 농업생산액의 비중이 점점 낮아지고 있다. 2010년 국민총생산에서 차지하는 농
업생산액의 비중이 약 3.5% 수준을 유지하였지만 계속 하락하여 2015년에는 2.9% 그리
고 2020년에는 2.6% 수준까지 하락하였다.

한국농촌경제연구원의 농업전망에 따르면 농업생산액은 중장기적으로 연평균 약
1% 증가할 것으로 전망하고 있다. 국민총생산액의 성장 규모에 따라 차이가 있지만, 통
상적인 경제성장률 2~3%를 고려하면 GDP에서 차지하는 농업비중은 점점 더 하락할
전망이다.

표 1-4	산업별 생산액과 비중 변화			(단위: 조 원, %)
	2005	**2010**	**2015**	**2020**
국민총생산	957	1,323	1,658	1,933
농업생산액	35	46	48	50
GDP농업비중	3.7	3.5	2.9	2.6

자료: 통계청, 농림축산식품 통계연보, 각년도.

1.2.2. 농가와 도시근로자가구의 소득격차 심화

도시근로자가구 소득은 2003년 3천 3백만 원에서 2008년 4천 2백만 원, 2016년 5천 3백만 원으로 약 61%를 증가하였지만, 농가 소득은 2003년 2천 7백만 원에서 2008년 3천 1백만 원, 2018년 3천 8백만 원으로 동기간 약 41%로 증가한 것으로 조사되어 도시가구와 농가의 소득차이가 점점 커지고 있다.

도시근로자 가구소득 대비 농가 소득은 2000년 약 80% 수준에서 점점 하락하여 2018년에는 65%, 그리고 2028년에는 63% 수준까지 하락하였으며 이러한 도시근로자 가구와 농가 간의 소득비율 차이는 점점 확대될 전망이다. 또한 절대적인 소득 수준도 농가소득이 2018년 현재 약 4천만 원이지만 도시근로자 가구 소득이 약 6천만 원으로 2천만 원 정도의 차이가 있으며 절대적인 소득 차이도 점점 확대될 전망이다.

농가의 호당 농가소득은 2005년에 3천만 원을 달성하였고 2018년부터 4천만 원대에 진입하였다. 2021년 호당 농가소득은 4천 7백만 원으로 추정된다. 이러한 농가소득의 증가는 농업소득의 증가보다는 농외소득과 이전소득이 크게 증가하였기 때문이며, 2022년 이후에도 농외소득과 이전소득의 증가로 인하여 농가소득도 증가할 전망이다.

그림 1-3 도시근로자 가구소득 대비 농가소득 비율 전망

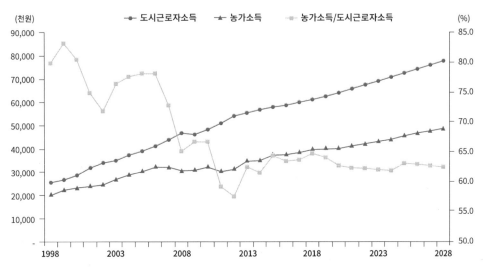

자료: 한국농촌경제연구원 농업전망 2019.

표 1-5	호당 농가소득(명목) 동향과 전망					(단위: 천 원, %)

구분	2001	2020	2021 (추정)	전망		
				2022	2026	2031
농가소득	23,907	45,029	46,967	46,705	51,510	56,367
농업소득	11,267	11,820	12,990	12,089	13,174	14,675
농외소득	7,829	16,609	17,066	17,654	19,563	21,502
이전소득	4,811	14,263	14,586	14,539	16,208	17,533
비경상소득	–	2,337	2,325	2,423	2,565	2,657

주: 비경상소득은 통계청에서 2003년부터 조사를 시작함
자료: 한국농촌경제연구원 농업전망 2022.

1.2.3. 농가교역조건지수의 악화

물가상승률을 고려한 농가교역조건을 분석하는 데 사용하는 지수를 패리티지수(Parity Index)라고 한다.

패리티지수는 기준연도를 설정한 후 농가판매가격지수를 농업구입가격지수로 나누어서 계산한다. 만약 패리티지수가 100% 이상이면 기준연도와 대비하여 농가교역조건이 개선되었음을 의미하며, 반대로 패리티지수가 100% 이하이면 농가교역조건이 악화되었음을 의미한다.

한국농촌경제연구원에서 제시한 농업교역조건 전망치를 살펴보면, 2015년을 기준년도로 설정한 후 2022년부터 2031년까지 약 10년을 전망한 농업교역조건은 2022년에 최고치인 105.5로 추정된 이후에 지속적으로 감소하여 2031년에는 104.0%까지 하락할

표 1-6	농업교역조건(패리티지수) 추이 및 전망(2015=100)					

구분	2001	2020	2021 (추정)	전망		
				2022	2026	2031
농가판매가격지수 (A)	76.5	117.0	127.1	120.4	121.3	131.8
농가판매가격지수 (B)	63.7	105.4	112.4	114.1	119.0	126.8
농업교역조건지수 (A/B×100)	120.0	111.1	105.5	105.5	102.0	104.0

자료: 한국농촌경제연구원 농업전망 2022 수정 인용.

것으로 전망하고 있다. 이는 농가판매가격지수가 꾸준히 증가하고 있지만, 농업구입가격지수가 농가판매가격지수보다 더 큰 폭으로 증가하기 때문에 농업교역조건이 점점 나빠진다는 것을 의미한다.

1.2.4. 농촌 인구 감소와 고령화 심화

농가인구는 1965년의 1,581만명에서 1997년에는 447만명으로 매년 평균 36만명(또는 3.9%)씩 감소하고 있으며 2021년 현재 농가인구는 약 228만명으로 추정된다.

농가수는 2001년에 135만호에서 2020년에 104만호로 연평균 1.4%씩 감소하고 있으며 2021년에는 101만호로 추정된다.

농가인구 고령화의 척도인 65세 이상 농가인구비율은 2001년 24.4%에서 2020년 42.3% 그리고 2021년 43.1%까지 상승하여 농촌노동의 양적인 부족문제뿐만 아니라 질적인 문제도 발생하고 있다.

농촌인구의 고령화에 따른 노동생산성이 점점 하락하면서 후계농업경영인 육성사업을 비롯한 다양한 청년농업인 육성정책에는 한계가 있다. 2018년 40대 미만 청년농업인은 약 1만 1천 명 수준으로 전체 농가의 1.1%에 불과하며, 더욱이 최근에는 농업계 고등학교나 대학교를 졸업하고 농촌현장으로 돌아오는 인구가 현저히 줄어들고 있다.

이에 정부는 청년농업인 비중을 늘리기 위한 청년창업농 영농정착지원사업을 시행하고 있으며, 이 제도는 영농의지가 있고 발전 가능성이 있는 청년 창업농을 선발하여 월 최대 100만 원씩 최장 3년간 지원하는 제도이다. 또한 농업법인 취업지원사업을 통해 우수 농업법인에서 인턴으로 활동할 경우 청년 1인당 월 100만 원 한도에서 보수의 50% 이내로 최대 6개월간 지원하는 제도도 있다.

표 1-7 | 농가호수·농가인구 동향 및 전망

구분	2001	2020	2021 (추정)	전망		
				2022	2026	2031
농가호수(만호)	135.4	103.5	101.2	99.3	94.3	91.5
농가인구(만명)	393.3	231.4	227.6	223.7	209.6	197.2
65세 이상 농가인구비율(%)	24.4	42.3	43.1	43.9	46.9	506.
총인구 중 농가인구비율(%)	8.3	4.5	4.4	4.3	4.1	3.9

자료: 한국농촌경제연구원 농업전망 2022 수정 인용.

이러한 제도와 더불어 청년창업농들이 성공적으로 농촌에 정착하기 위해서는 창업에 필요한 토지와 자본 등의 생산요소들도 함께 지원할 수 있도록 정책사업을 확대할 필요가 있으며 더욱이 4차산업혁명시대를 선도해 나갈 청년농업인 육성에 맞게 첨단기술을 접목한 스마트팜 등에 대한 지원도 늘려나갈 필요가 있다.

또한, 산지조직을 중심으로 대형유통업체와 교섭할 수 있을 정도로 규모를 확장하기 시작한 경영주체들이 등장하고 있으며 그 대표적인 형태가 농업법인체(농업회사법인,

표 1-8 사업유형별 법인수

	농업법인 사업유형	2018	2019	2020
영농조합법인	농업생산	3,675	4,080	3,982
	작물재배업	2,979	3,354	3,304
	축산업	696	726	678
	농업생산이외사업	6,488	6,150	6,154
	농축산물가공업	1,968	1,933	1,830
	농축산물유통업	2,691	2,580	2,560
	농업서비스업	452	360	286
	농어촌관광휴양사업	582	557	613
	기타사업	795	719	865
	소계	10,163	10,230	10,136
농업회사법인	농업생산	3,497	4,060	4,489
	작물재배업	2,777	3,333	9,707
	축산업	720	727	782
	농업생산이외사업	8,120	9,025	9,874
	농축산물가공업	2,549	2,994	3,263
	농축산물유통업	4,046	4,635	5,041
	농업서비스업	319	238	219
	농어촌관광휴양사업	308	331	363
	기타사업	899	828	988
	소계	11,617	13,085	14,363
	합계	21,780	23,315	24,499

자료: 통계청, 국가통계포털 KOSIS

영농조합법인 등)이다. 산지에 기반을 둔 다양한 농업법인들은 시장에 공동으로 대응하기 위해 연합과 협력을 통한 규모화를 추진하여 시장경쟁력을 확보해 나가고 있다.

농림축산식품부도 「농어업경영체 육성 및 지원에 관한 법률」에 근거하여 농업법인체 육성 및 지원을 점차 확대해 나가고 있으며 2020년 말 현재 운영중인 농업관련법인은 24,499개소이며 이 가운데 영농조합법인이 10,136개소 농업회사법인이 14,363개소이다. 법인의 사업유형별로 살펴보면 농업생산 법인은 작물재배업을 영위하는 법인체가 많았으며 농업생산 이외의 법인은 농축산물유통업과 농축산물가공업을 영위하는 법인체가 많았다.

02 농업경영학의 역할

농업경영학의 발전과정을 살펴보면, 초기단계(~18세기)는 농업경영학이 정치학이나 생산기술의 분석방법론으로 인식되는 시기이다. 케네, 튀르고 등 중농학파 경제학자들이 수확체감의 법칙과 경제표 등을 이용하여 경제학적 이론을 발전시킨 시기이다. 다음으로 성장단계(18세기말~19세기 말까지)는 농업경영학이 종합적 농학의 일부분으로 간주되는 시기이다. 농업생산을 늘리기 위한 기술 향상에 주력한 시기라고 말할 수 있다. 지금은 정착단계(19세기 말 이후~)라고 말할 수 있다. 정착단계의 농업경영학은 전문적인 농업경영학자가 독자적인 위치를 차지하게 되는 시기이다. 기업적 경영형태의 출현, 시장경제 도입, 농업관련산업과의 결합, 의사결정 및 관리기법 등이 도입된 시기이다.

따라서, 농업경영학은 농가의 소득 또는 순수익을 가능하면 많이 얻기 위하여 농업에 있어서 가장 기본적 생산단위인 토지, 노동 및 자본 등의 생산요소를 적절히 이용하거나, 작물 및 가축의 선택 그리고 농업조직 등을 다루는 과학으로 정의할 수 있다. 농업경영학은 넓은 의미에서는 농업경제학의 한 분과이다. 그러나 농업경제학이 토지, 농산물가격, 농업금융, 농산물유통 등 농업과 농촌 및 농가소득에 관한 지역 또는 국가 차원의 문제를 다루는데 반해, 농업경영학은 개별농민이 스스로 농업경영에 관한 의사를 결정하는 데 도움을 주는 학문이라고 설명할 수 있다.

농업경영도 농가의 농업소득을 가장 많이 얻을 수 있는 대안을 선택 집행하는 행위이며, 어떤 대안을 선택할 것인가에 대한 의사결정을 해야 한다. 의사를 올바르게 결정하기 위해서는 각각의 대안들에 대한 분석이 선행되어야 한다.

구체적인 의사결정 분야는 다음과 같다. 첫째는 생산물의 선택분야이다. 농업 경영자는 사용가능한 자원과 기술, 취미 및 장래의 수익성 등을 감안하여 적절한 농산물을 선택하여 생산한다. 생산물 선택사례는 ① 작물재배와 축산 또는 이들(작물과 축산)의 결합, ② 작물 중에서도 수도작과 과수, 원예 각각 단작으로 재배를 할 것인지 또는 복합영농을 시도할 것인지, ③ 축산에서도 한우, 젖소, 양계, 양돈 등의 선택에 대한 의사결정 문제가 있다.

둘째는 생산수준 및 자원 투입수준의 결정 분야이다. 예컨대 벼농사 10a를 재배할 때 질소비료의 시비량은 얼마나 되며, 한우의 판매중량을 얼마 정도 할 것인가에 대한 의사결정을 해야 한다.

셋째는 생산요소의 적정결합분야이다. 농업경영자는 경종농업을 할 때 노동을 이용한 관행적 농법을 그대로 유지할 것인가? 그렇지 않으면 농기계로서 농사를 지을 것인가를 결정해야 한다. 그리고 가축사육에 있어서 단백질사료와 탄수화물 사료의 적정결합비율에 관한 의사결정을 해야 한다.

넷째는 적정규모의 결정분야이다. 작물재배에 있어서는 가축사육에 있어서 농업경영자가 동원할 수 있는 경제력을 고려하고 또한 경제적 효율성을 가장 높일 수 있는 적정규모를 결정해야 한다.

Chapter 2

농업경영목표 선정

농업경영목표선정

농업경영목표는 일정기간 동안 농업경영인이 달성하고자 하는 구체화된 도달수준으로 학자들마다 의견이 다양하지만, 최근의 상업적 농업에서의 농업경영목표는 농업소득 또는 농업순수익의 최대화에 있다고 말할 수 있다.

본장에서는 농업경영의 목표와 농가소득(또는 순수익)의 개념에 대하여 살펴본다.

01 농업경영 목표

농업경영의 목표는 학자들마다 다양한 의견이 있다. 먼저 테아(A.D.Thaer)는 농업경영의 목표가 총생산원가액에서 비용을 뺀 농업 순수익의 지속적 상승을 도모하는 것이라고 정의하고 있다. 튀넨(J. H. von Thünen)은 보다 많은 지대수익 발생을 도모하는 것(토지자본이자 최대확보)이라고 정의하였으며 애레보(F. Aereboe)는 가족노동 보수, 자기자본이자, 자작지 지대의 합계액인 농업 소득의 최대화를 도모하는 것이라고 정의하고 있다. 이를 종합적으로 정리해 보면 농업경영의 목표는 농업 소득 또는 농업 순수익의 최대화에 있다고 결론 지을 수 있다.

과거 식량을 자급하던 시대에는 농업을 경영하여 집에서 소비할 식량을 안정적으로 확보하는 것이 목적이었으나, 상업적 농업의 영농목표는 농업 소득 또는 농업 순수익의 최대화에 농업경영의 목표가 있다. 소규모 영농에서는 농업인이 노동자이고, 지주이며 동시에 자본가이기 때문에 농업 소득의 최대화가 농업경영의 목표로 보는 견해가

지배적이다. 그러나 현대에서는 기업적 경영형태의 발전에 따라 조수입에서 생산비를 제외한 농업 순수익의 중요성이 대두되고 있다.

경영체가 지속적으로 영농활동을 계속하여 경영체로 살아남아야 하고, 나아가 성장하고 발전하기 위해서는 수익성 향상을 경영 목표로 설정하는 것은 당연하다. 농업경영체도 치열해지는 경쟁에서 살아남고 성장하고 발전하기 위해서는 농업 순수익 또는 농업 소득의 최대화가 가장 시급한 농장경영의 목표가 된다. 다만, 모든 농가가 농업 순수익 또는 농업 소득의 최대화를 추구하는 것은 아니다. 농가에 따라서는 농장을 운영하는 가족이나 동료들 사이의 화합이 최우선 목표가 될 수도 있으며, 또는 농장의 운영성과를 지역사회에 환원하는 사회적 기업 농장으로 성장할 수도 있기 때문이다.

02 농가소득(또는 순수익)의 개념과 구성

농가소득은 농가가 소유하고 있는 토지, 노동 및 자본이 생산 활동에 참여하여 얻은 보수의 합계라고 말할 수 있다. 그러나 현실적으로는 농업소득과 농외소득의 합계이다. 따라서 이 두 가지 소득 계산방법과 그 개념을 이해하면 농가소득의 구성과 계산방법을 쉽게 파악할 수 있다.

농가소득을 이해하기 위한 항목들의 개념은 다음과 같다.

먼저, 농업조수익은 농작물 수익과 농작물 이외 수익으로 구분하여 파악할 수 있다. 농작물 수익은 곡류, 채소, 과수, 화훼 및 특용작물로 구성되어 있다. 농작물 이외 수익은 축산물 등의 생산에서 얻는 수익을 말한다. 이들 수익은 일 년간에 농가가 생산한 농산물을 판매 또는 소비하는 시점의 농가수취가격으로 평가한 화폐액이다. 따라서 농업조수익은 시장판매액, 자가생산의 자가소비분의 시장가치액 및 대동식물의 일 년간 증가액으로 구성된다고 말할 수 있다.

농가 생산물 생산량이 Q_1, Q_2, $\cdots$ Q_n이고, 가격이 P_1, P_2, $\cdots$ P_n일 때,
농업조수익 = $Q_1 P_1 + Q_2 P_2 + \cdots + Q_n P_n$

농업경영비는 농가가 농업생산을 위해 농가 이외의 다른 경제주체로부터 구입하여 생산에 투입한 생산요소에 대한 지출액에 자가소유 대농기구 및 농업용 건축물 등의 감가상각비를 합한 비용이다. 농업경영비 = 농업생산을 위해 구입한 생산요소지출액 + 감가상각비이다.

겸업소득은 농업이외의 수익을 목적으로 일정한 시설 또는 자본을 가지고 행하는 사업에서 얻는 소득을 말한다. 그리고 농외소득 중 사업 이외의 소득은 노임, 임대료 수입 등을 말한다.

이전소득은 농가 소유의 생산요소 즉 노동, 토지 및 자본이 생산 활동에 참여한 대가로서 받은 보수가 아니라는 점에서 농업소득, 겸업소득 등과 차별된다. 이전소득은 외지에 나간 자녀가 농촌에 계신 부모에게 송금한 금액, 정부, 기타의 단체로부터 받은 보조금 등으로 구성된다. 이전소득은 다른 사람이 일차적으로 얻은 소득이 농가에 이전되었기 때문에 국민소득계정의 부가가치에는 포함되지 않는다.

농가는 위에 언급한 소득을 가계비 등의 소비 활동에 지출하고 나머지는 저축하게 된다. 농가가 처분할 수 있는 몫을 농가 가처분소득이라고 하며, 이는 농가소득에서 조세공과금 및 제부담지출과 차입금이자를 공제하여 계산한다.

농가경제잉여는 농가 가처분소득에서 가계비와 기타지출을 제외한 금액이다. 이는 저축과 같은 의미를 지닌다. 농가경제잉여는 은행의 저금 또는 소유현금의 증가형태로서만 존재하는 것이 아니고 농가의 재고자산의 증가, 대동식물의 증가 또는 부채의 감소로서 실현될 수 있다.

농업경영비와 생산비의 차이점은 다음과 같다. 생산비는 앞에서 설명된 농업경영비에 자가노력비, 토지자본이자 및 자기자본이자를 추가한 비용이다. 이들 자가소유 생산요소에 귀속되는 보수는 농가의 소득을 형성한다. 농업 조수익에서 농업 경영비를 공제하면 농업소득을 구할 수 있고, 농업 조수익에서 농업 생산비를 공제하면 농업 순수익을 얻는다.

이상의 소득 개념을 종합하여 정리하면 다음과 같다.

- 농가 소득 = 농업 소득 + 농외 소득
- 농업 소득 = 농업조수익 − 농업경영비
- 농외 소득 = 겸업 소득 + 사업이외 소득 + 이전수입
- 겸업 소득 = 겸업 수익 − 겸업 지출
- 사업이외 소득 = 사업이외 수익 − 사업이외 지출
- 농업 순수익 = 농업조수익 − 농업생산비

그림 2-1   농업소득과 농업순수익

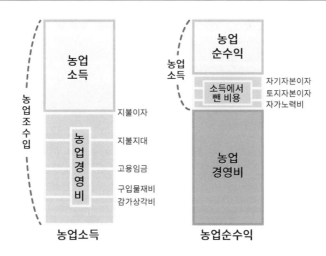

표 2-1   농업 소득(또는 농업 순수익) 구성항목

구 분	해 설 요 약
조수익	조사대상기간의 해당 작목경영 결과로서 얻은 총수익으로서 주산물 평가액(당해연도 생산량×당해연도 농가 평균수취가격)과 주산물생산에 부차적으로 생산되는 부산물 평가액을 합계한 총액
경영비	조수익을 획득하기 위해서 외부에서 구입하여 투입한 비용
종묘비	파종한 종자나 옮겨 심은 묘 등의 비용
비료비	투입된 무기질 비료 및 유기질 비료의 비용
농약비	병충해 예방 및 구제에 투입된 농업용 약제의 비용
광열동력비	기계동력재료, 가온재료, 광열재료, 전기료 등
수리비	수리구축물의 경상적인 수리·유지 및 감가상각비와 물을 사용하는 데 든 농지 개량 조합비
제재료비	투입된 종자, 비료, 농업용 약제 및 광열동력 등 각 비용으로 제시되지 않은 기타 모든 재료비
대농기구상각비	각종 농기구의 비용으로서 각 대농기구별 비용부담율을 적용하여 감가상가비를 산출
영농시설상각비	주택, 헛간, 창고 등의 비용으로 각 시설물별 비용부담율을 적용한 감가상각비를 산출
수선비	수선비는 대농기구, 영농시설의 수선, 유지를 위한 비용
임차료	대농기구, 영농시설, 토지 등을 임차하여 지불된 금액
위탁료	조사작물 생산과정 중 일부작업을 다른 사람에게 위탁한 비용
고용노력비	조사작물의 생산을 위하여 투입된 고용노동력의 용역비용
조성비	과수원 등의 개원비에 육성비(손익분기점 이전까지)를 합산하고 내용연수로 나누어 분할한 비용
부가가치	조수익−중간재비(경영비−임차료−고용노임)
소득	조수익에서 경영비를 차감한 잔액으로서 생산활동의 성과
순수익	조수익−생산비

Chapter 3

농업경영생산요소

농업경영생산요소

농장경영의 목표인 농업 순수익을 최대화시키기 위해서는 토지, 노동, 자본, 농업 기술 등의 다양한 생산요소들이 필요하다. 이들 생산요소들은 농장을 경영하는 데 있어 기본이 되는 중요한 요소들이며 크게 유형의 생산요소와 무형의 생산요소로 구분할 수 있다.

01 유형의 생산요소

농업생산의 기본적인 요소로는 인간의 노동력과 노동의 대상인 토지 그리고 자본이 있다. 이들 3가지 요소를 농업경영의 3대 생산요소라고 한다.

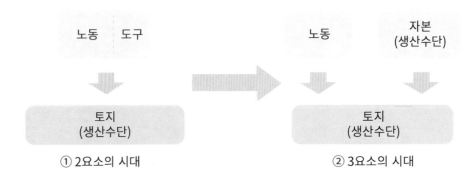

1.1 토지

토지는 소모되거나 감가상각되지 않는 영구자원이나 비옥도나 수리 및 경지조건 등은 토지 관리를 어떻게 하느냐에 따라 유지 또는 향상될 수 있고 땅이 황폐화될 수도 있다.

토지의 경제적 특성으로는 첫째, 토지는 부동성의 성질을 지니기 때문에 이동할 수 없고 이는 토지의 초지 입지선정이 중요하다는 경제적 의미를 지닌다. 둘째, 불증성의 성질을 지니며 이는 인위적으로 그 면적을 증가시키기 어렵다. 따라서 농업경영의 규모를 확대하기 위해서는 토지를 임차하거나 매입해야 한다는 경제적 의미를 지닌다. 마지막으로 불멸성의 성질을 지닌다. 이는 다른 자산과 달리 아무리 사용해도 소멸하지 않기 때문에 감가상각이 필요하지 않고 재산증식의 수단으로 이용할 수 있다는 경제적 의미를 지닌다.

토지의 기술적 특성으로는 첫째, 적재력으로 작물이나 가축이 생존하고 유지하는 장소, 둘째, 가경력은 작물이 생육할 수 있는 힘이며, 뿌리를 뻗게 하고 지상부를 지지 또는 수분이나 양분을 흡수하게 하는 물리적 성질, 셋째, 부양력으로 작물생육에 필요한 양분을 흡수하고 저장하는 특성이 있다.

토지는 사용가치, 교환가치 등의 가치를 지니고 있다. 먼저 사용가치는 토지의 생산력 및 지력을 사용할 수 있다는 가치를 지니며, 다음으로 토지도 재산의 일부이기 때문에 수요와 공급에 의한 교환가치를 지니고 있다.

표 3-1 | 토지의 소유와 임차 장단점

	장점	단점
토지 소유	• 경지를 안정적으로 이용 • 자금융자시 담보물로 활용	• 차입자금으로 농지구입시 자금압박을 받음 • 한정된 자본하에 투자수익률이 낮음 • 경영규모에 제한을 받음
토지 임차	• 운전자금 확보에 용이 • 경영규모확대에 융통성 발휘 • 자금압박이 적음	• 장기적인 경지이용 불확실 • 기반투자 부족으로 여건 취약 • 지가상승의 영향이 적음

1.2 노동

한국경제의 산업화과정에서 농업종사 인원이 급격히 감소하여 농업일손 부족이 농업생산을 제약하는 요인이 되었다. 이러한 노동력 부족 문제를 해소하기 위해 기계화, 자동화, 농작업의 생력화를 추구하고 있지만 아직까지도 농업경영에서 노임이 차지하는 비율이 높다.

농업노동의 특징은 첫째, 경제와 농업이 발전할수록 노동투입량은 점차 감소하고 있다. 둘째, 농업노동력은 시간과 날짜에 따라 연속적으로 이루어진다. 셋째, 노동력을 연중 생산에만 활용하기 어려우며, 또한 농번기에 집중되는 노동력수요를 임시고용 등을 통해 충족시켜야 한다는 점이다.

농업노동력을 적절히 활용하기 위해서는 연중 가용 노동력을 최대한 생산 활동에 활용하여야 하며, 이는 노동의 효율성을 증대시켜야 한다는 점을 의미한다. 축산이나 시설농업은 노동력을 연중 활용하기 유리하지만, 토지이용형 농업의 경우에는 농업생산의 계절성이란 특성 때문에 가용노동력을 경영활동에 완전히 이용하기 어렵다. 노동의 효율성을 증대시키기 위해서는 농번기 노동력 수요를 일일고용이나 전통적인 품앗이나 두레 등의 방법으로 충당하는 방법, 작목구성을 바꾸어 노동력을 연중 고르게 분산시키는 방법, 농업기계나 자동화 장비를 구입하는 방법, 농작업의 일부 또는 전부를 위탁하는 방법을 검토할 필요가 있다.

농업노동의 종류에는 가족노동력, 연중고용, 계절고용, 임시고용, 위탁영농 등의 종류가 있다. 가족노동력은 노동력 공급의 융통성(노동시간에 구애 받지 않음) 측면에서 유리하며 부녀자의 영세한 노동력을 적절히 활용할 수 있다. 연중고용은 1년 또는 수년을 기간으로 계약하는 노동력이며, 계절고용은 1~2개월을 기간으로 주로 농번기에 이용하는 노동력이다. 임시고용은 수시로 공급되며 하루를 기간으로 계약하는 고용노동력이다. 한편 위탁영농은 어떤 농작업 과정을 위탁한 후, 작업을 끝낼 경우 보수를 지급하는 고용 노동의 형태이다.

전체 노동시간은 작업을 준비하는 시간(준비시간)과 작업을 하는 시간(작업시간)으로 구성되며, 준비시간은 작업도구나 연장, 투입물재 등을 준비하고 챙기는 준비작업시간과 작업할 장소까지 이동하는 이동시간으로 구성된다. 작업시간은 실제로 작업에 소요되는 기본작업시간, 예컨대 경운작업에 있어서 밭에 도착하여 밭을 갈기 시작하여 밭갈이를 마칠 때까지에 소요되는 경운작업시간(=기본작업시간)과 작업중 휴식에 소요되는 회복시간, 그리고 용변을 보는 등의 필수적인 손실시간으로 구성된다. 또한 기본작업시간은 실제로 쟁기로 밭을 가는 데 소요되는 주작업 시간과 작업중 방향을 전환하는 데 소요되는 부수작업시간(=방향전환시간)으로 구분할 수 있다.

노동보수(임금)의 설정은 다음과 같이 결정된다.

고용노임은 노동력에 대한 수요와 공급에 의해 형성된다. 다만 기업(경영체, 농장) 안에서의 임금산출방식은 ① 작업시간을 기준으로 한 노임, ② 작업량을 기준으로 한 노임, ③ 작업량과 작업시간을 절충한 노임이 있다. 또한 고용주 입장에서는 사회보장적 차원에서의 고용비용(국민연금, 건강보험, 산재보험, 고용(실업)보험 등)도 넓은 의미의 노임으로 간주한다.

자가노임은 객관적 기준을 설정하기 어렵다. 다만 고용노임과 똑같이 평가해야 한다는 주장과 그보다는 높게 평가해야 한다는 주장이 끊임없이 논의되고 있다.

또한 자가노동력의 절감이 생산비 절감으로 이어지지 않으며, 자가노동력으로 부족한 부분을 고용노동력으로 충당하는 것이 농장의 현실이므로 고용노동력과 자가노동력을 단순한 대체관계로 보기는 어렵다.

1.3 자본

농업경영인은 노동을 투입하면서 농업경영의 목적을 보다 효율적으로 달성하기 위한 보조수단으로 자본을 투입한다. 자본은 생산수단으로 이용하는 구체적인 재화(물건)로서 중간재, 생산재, 공용재 등으로 불리며, 고정자본과 유동자본으로 구분된다. 고정자본은 건물, 농기구, 가구, 가축과 같은 자본재이며, 유동자본은 1회 사용으로 원형이 없어지고 가치가 생산물에 이전되는 자본재를 의미한다.

자본은 농장을 설립하고 운영하는 데 필요한 노동력, 생산자재, 설비, 기술 등을 동원하는 데에 기본이 된다. 농장을 시작할 때 필요한 초기자금은 농장을 승계하는지 혹은 창업하는지, 영농품목(축종)이 무엇인지, 영농규모가 어느 정도인지, 영농지역이 어느 지역인지 등 고려해야 할 항목이 상당히 복잡하다. 일반적인 초기자금은 고정자산과 유동자산 구입비용으로 구분된다. 고정자산 구입비용은 영농에 필요한 토지, 건물, 기계 등을 신규로 구입하는 자금이며, 유동자산 구입비용은 비료, 농약, 노임 등의 생산비용을 의미한다.

통계청에서 조사한 농가 자산은 2020년도에 평균 5억 7천만 원으로 조사되었으며

표 3-2	2020년 농가자산, 부채, 농업소득, 농가소득			(단위: 천 원)
영농형태	자산	부채	농업소득	농가소득
논벼	572,122	17,129	10,933	35,275
과수	631,698	26,615	18,005	40,545
채소	455,988	30,911	12,712	33,893
특용작물	549,671	25,664	9,821	47,355
화훼	487,710	79,066	16,270	32,952
일반밭작물	417,767	10,409	2,743	23,469
축산	997,895	119,427	55,002	81,124
기타	460,053	40,669	27,855	53,916
평균	565,622	37,589	11,820	45,029

자료: 통계청, 국가통계포털 KOSIS

영농형태별로는 축산농가의 자산이 10억 원, 과수농가의 자산이 6억 3천만 원, 벼 재배 농가의 자산이 5억 7천만 원 순으로 조사되었다. 부채는 평균 3천 8백만 원이었으며 축산농가의 부채가 1억 2천만 원으로 가장 높았으며 다음으로 화훼농가의 부채가 7천 9백만 원으로 조사되었다.

02 무형의 생산요소

최근 들어 토지, 노동, 자본의 3요소 이외에 농업경영인의 경영자 능력이나 경영기술 및 경영정보 등을 농업경영요소로 간주하고 있다.

농업경영인은 농업생산자이며 동시에 농업의사결정자이다. 농업경영인은 농장에서 수행하는 일상적인 영농활동 이외에도 경영성과를 제고하기 위해 경영전략을 수립하고, 생산에 투입될 제반자원을 조달하여 적재적소에 배치·투입하며, 고용인력을 관리·감독 하는 역할을 수행하는 데 많은 시간을 투입한다. 또한, 농업경영자는 농업생산활동의 결과를 분석·검토하여 기록으로 남김으로써 과거의 실적과 비교하고 미래의 경영계획을 수립하는 데 활용하기도 한다.

　농업경영인이 생산현장의 작업능력에 비교우위를 지니고 있다고 해서 반드시 성공적인 농업경영인이 될 수 있는 것은 아니다. 농업경영인으로 성공하기 위해서는 기간별 경영목표와 목표달성을 위한 경영전략을 수립하고 수립된 전략에 의거하여 경영활동을 수행하는 전략적 경영이 필요하다.

　전략적 경영에 필요한 핵심은 다음과 같다. 첫째, 농업경영인은 농업에 대한 가치관과 뚜렷한 목표의식을 지녀야 한다. 농업경영에 대한 목표의식은 개인에 따라 차이가 난다. 이는 농업을 둘러싼 사회·경제적 여건변화에 효과적으로 대처하는 방안과 농업경영 관련 의사결정 방식이 개인별 가치관과 목표의식에 따라 달라지기 때문이다. 둘째, 경영목표를 구체적이고 명확하게 설정해야 한다. 즉, 재배작목과 경작규모 혹은 가축사육규모를 명확하게 결정하고 목표달성 시점을 단기 및 중장기로 구분하여 시점별 달성목표를 수립해야 한다. 셋째, 보유하고 있는 인적자원, 물적자원, 재정자원을 면밀하게 조사·평가함으로써 그 질적수준과 양적규모가 어느 정도인지 파악해야 한다. 이는 부족한 자원을 적기에 보충할 수 있고 또한 과다한 자원은 매도하거나 임대함으로써 별도의 수익을 올릴 수 있기 때문이다. 넷째, 사업여건에 대한 정밀한 조사분석을 시행해야 한다. 외부환경의 변화추세를 미리 파악하여 신속하게 대처해야만 결정적인 순간에 수익을 획기적으로 증대시키거나 손실을 축소할 수 있는 비교우위를 누릴 수 있다. 다섯째, 내부환경 평가와 외부환경 평가가 완료되면 그 평가결과를 바탕으로 삼아 실행가능한 대안들 중에서 경영목표에 부합되고 성공 가능성이 높은 실천전략을 선택하여 실행에 옮긴다.

　이와 같이 성공적인 농업경영을 달성하기 위해서는 전략적경영을 직접 수행하는 농업경영자의 능력이 중요하다. 왜냐하면, 농업경영의 성공은 자원과 자본 그리고 환경조건 등이 영향을 미치지만 그 가운데 사람이 가장 결정적인 역할을 담당하기 때문이다. 농업기술을 생산현장에 적용하여 농산물을 생산하고, 농산물 유통과 판매, 수익 및 비용관리 그리고 투자와 자산관리 등 모든 경영관리를 담당하는 것도 사람이기 때문이다. 따라서, 농업경영자는 기록하고 분석된 농업정보와 경험과 학습으로 생성된 지식을 바탕으로 판단력, 결단력, 실행력을 보유하기 위해 꾸준히 노력해야 한다.

　농업에서 경영자능력의 중요성과 향상방안을 제시한 연구결과를 정리하면 다음과 같다.

| 표 3-3 | 농업경영자 능력의 제요인 |

학자	요인	비고
류제창	정신적 능력, 육체적 능력, 이론적 능력, 기술적 능력, 경영적 능력, 관리적 능력, 경제적 능력, 사회적 능력	경영자능력을 8개 능력으로 구분하여 점수배분
소순열·차동욱	• 실천적 요인: 선견성·결단성, 실행력·대응력, 창의력·응용력, 분석력·계수감각 • 기본적 요인: 목적성, 인간성, 주체성, 협조성, 합리성, 건강, 정보수집능력 • 사고적 요인: 신념을 갖는 태도, 농업경영자정신, 인간존중의 태도, 과학적 태도, 관리자정신과 리더십	농업 경영자 능력을 농업경영활동에 직접적으로 영향을 미치는 실천적 요인과 기본적 요인으로 구분하고 상기 2요인을 발현시키는 사고적 요인으로 구분
H. C. Taylor	건강과 역량, 작업의 숙련도, 통찰력, 판단력, 지식, 지시나 명령을 받아들이거나 거절할 수 있는 능력, 자제심, 집중력, 시간에 대한 계획성, 지도력·협조성, 성실성, 일에 대한 흥미, 정직성, 용기, 인내	관리적 기능과 노동자 기능으로 구분하고 성공 농가의 제 조건을 자체적, 정신적, 도덕적분야로 구성
L. A. Bradford & G. L. Johnson	연구심, 적극성, 분석력, 비교력, 실행력, 위험부담의 책임능력	노동자 기능과 경영자 기능으로 구분
原田仁	창조성, 추진력, 판단력(통찰력), 지식, 기술, 연구심, 체력, 통솔력	성공요인으로 8개 요인 제시
佐々木利安	계획성, 노력, 근성, 실행력, 연구능력, 기억능력, 경영의 합리화, 근로의욕, 농업에 대한 흥미, 가정화목, 건강	농업 성공요인을 11개로 요인화
天間征	• 지적 요인: 계획성, 통찰력, 협조성, 조직성, 친밀성, 분석능력, 계산능력, 집중력, 주체성 • 성격요인: 적극성, 끈기 • 환경요인: 자금, 노동력, 가정화목, 토지, 후계자	성공농가의 조건으로 지적 요인, 성격요인, 환경요인으로 구분
出村克彦	• 핵심적 요인: 선견성·결단성, 대응력·창조성 • 기본적 요인: 실행력·대응력, 수감각·합리성 • 동기적 요인: 목적성·꿈, 주체성·협조성	농업경영자 능력을 선천적인 핵심적 요인, 후천적인 기본 요인과 동기적 요인으로 구분

자료: 김배성 외 7인, 스마트시대 농업경영학(2017)에서 수정 인용.

Chapter 4

영농규모와 조직

영농규모와 조직

Chapter
04

농업경영목표를 달성하기 위해서는 유형과 무형의 생산요소를 적절히 활용하는 재배작목의 선정과 영농규모 및 농업경영조직 등을 결정하여야 한다.

01 재배작목의 선정과 적정규모

1.1 재배작목의 선정

농업경영상의 재배작목 분류는 다음과 같다. 생산부문별 분류방식으로는 경종(식량작물, 특용작물, 채소류, 과실류, 화훼류, 기타), 양잠, 축산(대가축, 중가축, 가금류, 기타), 농산가공으로 재배작목을 분류한다. 생산목적에 따른 분류방식은 상품화 또는 환금작목과 자급 또는 현물작목으로 분류한다. 농업경영 요소 투입의 집약도에 따라서는 조방작목과 노동집약작목, 기술·자본집약 작목으로 분류한다. 또한 소득성 또는 수익성에 따른 분류에는 단위면적당 소득이 많지만 넓은 면적에 재배되지 않는 작목(딸기), 단위면적당 소득이 적지만 넓은 면적에서 재배되는 작목(쌀), 단위면적당 소득이 많지만 상당히 넓은 면적에서 재배되는 작목(마늘)으로 구분된다.

농업목표가 구체적으로 설정되고 나면 농업목표를 달성하기 위한 재배작목의 선택이 중요하다. 생산할 재배작목(축종) 선택은 다음 3가지 사항을 우선 검토하여 선택할 필요가 있다. 첫째는 생산공간 측면이다. 농업인이 소유한 생산공간이 그 작물(축종) 생

그림 4-1 생산부문별 재배작목 분류

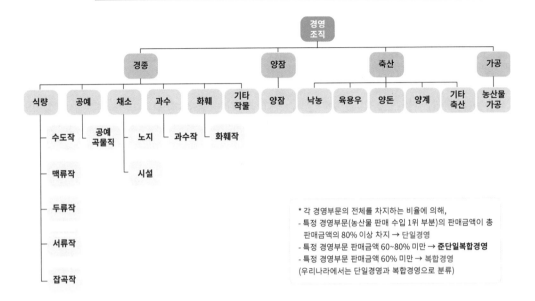

산에 기후, 토양, 유통조건 등이 적합한지를 우선적으로 검토하여야 한다. 둘째는 경제적 측면이다. 해당 작목선택으로 인한 예상 소득(또는 순수익)을 고려한 작목선정이 필요하다. 이 이외에도 농업경영인의 영농기술 보유현황, 영농경험 여부, 영농기반, 소비지(판매처)까지의 거리 등도 재배작물 선정에 있어서 검토해야 할 중요한 고려사항들이다.

1.2 농업경영의 적정규모

신규농장을 계획하는 경영자나 현재 농장을 운영하는 경영자 모두 가지는 공통적인 질문 가운데 하나는 어느 정도의 농장규모가 적정한 생산규모인지에 대한 질문이다. 또한 만약에 적정규모가 있다면 이를 어떻게 계산할 수 있는지에 대한 질문이다. 농장규모는 너무 적어도 효율성이 떨어지지만 반대로 너무 커도 방만경영에 따른 비효율성이 존재한다. 따라서 어떤 형태로든 농장의 적정한 규모를 결정할 필요가 있지만 아직까지 적정규모에 대한 명쾌한 정답이 없다.

다만 농장의 영농규모는 경영체가 조달할 수 있는 자본 및 노동력과 경영체를 둘러싼 시장조건(소비시장규모와 유통망 등), 농산물 소비트랜드, 경영주의 목표소득, 경영주의 연령과 욕구 등 수많은 요인들에 의해서 영향을 받는다고 말할 수 있다.

더욱이 이러한 농가의 내·외부 여건과 농업경영 목표는 항상 변하기 때문에 농장의 적정규모도 계속해서 변화한다. 영농을 처음 시작하는 청년 창업농은 결혼, 자녀교육, 자녀들의 혼인과 출가 등에 대비하기 위해서 지속적으로 경영규모를 늘려나가려고 할 것이고, 이들 투자재원을 확보하기 위해서는 최대한 높은 수준의 농업 순수익을 최우선 목표로 삼을 것이다. 그러나 어느 정도의 경영기반을 갖춘 50대 중후반 이후의 경영주는 최대한의 높은 농업 순수익을 추구하기보다는 농업 순수익(또는 소득)의 안정적인 확보 뿐만 아니라 여유로운 여유시간 등을 추구하기 위한 규모를 선택하고 재배작목이나 품종, 생산방식의 선택도 방어적이고 보수적이 될 수 있다.

그러나 어떤 경우이든, 모든 농가에게 공통적으로 적용할 수 있는 적정규모를 산출할 수 있는 기준은 없다. 다만, 적정규모의 결정은 한편으로는 목표하는 농업 순수익에 맞추어, 다른 한편으로는 자신의 의지대로 동원할 수 없는 생산요소 다시 말하면 토지, 노동력, 자본 중에서 자신의 규모확대에 가장 크게 제약요인으로 작용하는 생산 제약요소를 고려하여 결정할 필요가 있다.

일정한 소득을 달성하기 위한 작목별 적정재배면적은 지역별, 작형별, 농가별로 큰 차이가 있다. 농업소득 3천만 원을 달성하기 위한 평균적인 적정 재배면을 추정하면 쌀은 약 4.3ha, 사과는 약 1.0ha, 노지고추는 약 2.8ha가 필요한 것으로 추정된다. 다만, 농가소득은 지역별로 차이가 있으며 동일한 면적에서도 전후작 2~3기작을 동시에 재배하는 경우에는 농업소득 3천만 원을 달성하기 위한 적정 재배면적에도 차이가 있어 해석에 주의할 필요가 있다.

표 4-1 | **작목별 농업소득**

작물		3개년 평균 경영성과(천 원)			소득 3천만 원 달성면적	
		조수입	경영비	소득	(ha)	(천 평)
식량작물	쌀	1,182	488	694	4.3	7.2
	쌀보리	471	276	195	15.4	25.7
	콩	839	294	545	5.5	9.2
	밀	392	263	130	23.1	38.5
	노지풋옥수수	1,664	686	978	3.1	5.1
	고구마	3,154	1,469	1,352	2.2	3.7
	봄감자	2,011	1,186	825	3.6	6.1
	가을감자	2,149	1,279	870	3.4	5.7

작물		3개년 평균 경영성과(천 원)			소득 3천만 원 달성면적	
		조수입	경영비	소득	(ha)	(천 평)
노지채소	마늘	3,550	1,956	1,594	1.9	3.1
	양파	3,258	1,704	1,554	1.9	3.2
	고추	4,513	1,328	3,185	0.9	1.6
	노지수박	3,671	1,767	1,904	1.6	2.6
	가을무	2,653	1,117	1,536	2.0	3.3
	고랭지무	3,184	1,423	1,762	1.7	2.8
노지채소	당근	3,648	2,053	1,595	1.9	3.1
	봄배추	1,919	1,002	917	3.3	5.5
	가을배추	2,816	1,076	1,740	1.7	2.9
	고랭지배추	2,495	1,353	1,143	2.6	4.4
	노지시금치	2,713	1,058	1,654	1.8	3.0
	양배추	2,236	1,252	984	3.0	5.1
	대파	3,091	1,336	1,754	1.7	2.8
	쪽파	4,619	1,751	2,868	1.0	1.7
	생강	6,954	3,324	3,630	0.8	1.4
시설채소	수박(반촉성)	5,568	2,593	2,975	1.0	1.7
	시설참외	9,707	4,427	5,279	0.6	0.9
	딸기(촉성)	22,920	12,529	10,391	0.3	0.5
	오이(촉성)	27,359	15,221	12,138	0.2	0.4
	오이(반촉성)	13,590	6,541	7,049	0.4	0.7
	오이(억제)	7,046	3,608	3,438	0.9	1.5
	시설호박	11,923	6,178	5,745	0.5	0.9
시설채소	토마토(촉성)	22,903	13,885	9,019	0.3	0.6
	토마토(반촉성)	16,632	8,744	7,888	0.4	0.6
	방울토마토	15,934	10,194	5,740	0.5	0.9
	시설가지	21,783	12,200	9,583	0.3	0.5
	파프리카	35,001	27,431	7,570	0.4	0.7
	시설시금치	3,056	1,818	1,239	2.4	4.0
	시설상추	8,834	4,481	4,353	0.7	1.1
	시설부추	8,886	5,157	3,728	0.8	1.3
	시설고추	15,623	7,428	8,195	0.4	0.6
노지과수	사과	5,703	2,737	2,966	1.0	1.7
	배	5,811	2,671	3,140	1.0	1.6
	복숭아	4,450	1,884	2,566	1.2	1.9

작물		3개년 평균 경영성과(천 원)			소득 3천만 원 달성면적	
		조수입	경영비	소득	(ha)	(천 평)
	노지포도	7,733	2,549	5,183	0.6	1.0
	노지감귤	3,466	1,387	2,079	1.4	2.4
	단감	3,196	1,538	1,659	1.8	3.0
	참다래(키위)	5,180	2,269	2,912	1.0	1.7
	블루베리	7,753	3,337	4,416	0.7	1.1
	매실	1,726	729	997	3.0	5.0
	자두	3,321	1,637	1,684	1.8	3.0
화훼	시설포도	11,849	4,599	7,250	0.4	0.7
	시설국화	17,117	8,121	8,996	0.3	0.6
	시설장미	30,723	21,692	9,031	0.3	0.6
특용작물	참깨	1,117	500	617	4.9	8.1
	엽연초	2,508	1,269	1,239	2.4	4.0
	인삼(4년근)	17,085	7,031	10,054	0.3	0.5
	오미자	3,591	1,669	1,922	1.6	2.6
	들깨	941	389	551	5.4	9.1

주: 총수입, 경영비, 소득은 2018년~2020년산 농축산물소득자료집의 3개년 평균자료이며 10a당 1기작 재배기준임.
자료: 농촌진흥청, 농축산물소득자료집, 각년도

02 영농형태의 결정

영농에 정착하고자 하는 지역에서 재배하기에 알맞은 작목을 선정하고 경제적인 전망 등이 분석되고 나면, 1~2개 작목을 전문화할 것인지 또는 3개 이상 품목을 복합적으로 재배할 것인지를 결정하여야 한다.

복합경영은 몇 개의 작물 또는 축산물을 하나의 경영체에서 생산하는 것을 말한다. 복합경영의 장점은 첫째, 농가가 소유하고 있는 노동, 토지 및 기타의 생산자재를 보다 충분히 생산적으로 이용할 수 있다. 둘째, 작물생산에서 나오는 부산물을 가축사료 등으로 이용해서 시판할 수 있는 축산물 생산이 가능하다. 셋째, 윤작을 장기적으로 하게 되면 종합적인 생산성 향상이 기대된다. 넷째, 기후조건의 악화로 인한 수량의 불확실성 및 가격 변동에 의한 시장의 불확실성으로 발생하는 위험을 분산시켜서 농업소득의 과도한 증감을 예방할 수 있다. 다섯째 현금수입을 연중 평준화하여 농업경영의 유동성을 높일 수 있다는 장점이 있다.

전문경영은 단일경영이라고도 불리며 다음과 같은 장점이 있다. 첫째, 전문경영의 가장 큰 장점은 발달된 기술도입이 쉽고 이러한 농업전문화는 기술의 발달을 촉진시킨다. 둘째, 전문화의 단점으로 지적된 높은 위험률은 정부의 가격 지지 정책이 있는 경우 크게 염려할 바 없고 오히려 생산성향상을 가져오는 유익한 경우가 많다. 셋째, 생산물의 판매와 자원 구입 측면에서 전문화된 농업이 유리하다.

이외에도 축산분야에서는 계열화 방법도 있다.

계열화는 주력제품이 한두 가지 상품(商品)을 전문화한 것이라는 점에서는 전문화와 유사하나, 해당 상품의 전·후방에 위치한 분야까지를 통합하여 하나의 경영단위, 즉 의사결정 단위로 연결한 형태이다. 종계장 → 부화장 → 양계장 → 도계장 → 육계의 가공 및 판매업, 그리고 사료공장과 수의사 등이 망라된 ㈜하림과 연관된 농가 등이 대표적인 계열화 사례이다. 또한, 종돈장 → 양돈장 → 도축장 → 가공/판매장, 그리고 사료공장 등을 하나의 경영의사 결정단위로 연결한 ㈜도드람 등도 이에 속한다.

계열화는 대규모이기 때문에 신속한 의사결정, 책임소재와 의사결정 권한의 명확한 구분, 사업장간의 충격완충지대 운용 등이 필수적이나, 일반적으로 신속한 대응력이 취약하다. 그러나, 계열화는 ① 거래물량이 많아서 원자재의 구입 단계에서부터 제품의 판매단계에 이르기까지의 거의 모든 단계에서 시장교섭력이 크다. ② 품질 일관성을 유지할 수 있기 때문에 품질경쟁력의 확보도 유리하다.

농업경영인이 영농형태를 결정함에 있어 어떠한 영농형태를 선택할 것인가는 영농형태별 장단점을 충분히 고려하여 자신의 영농여건에 맞는 형태를 선택해야 한다. 일반적으로 생산의 계절성이 큰 토지이용형 농업은 복합영농을 선택하고, 시설채소나 축산 등은 연중 노동력을 활용한 전문화가 일반적이다.

03 농업경영 조직의 선택

농업경영체가 농업경영 목적을 달성하기 위해서는 농업 요소와 인적·물적 자원을 결합한 조직체를 구성할 수도 있다. 농업경영 조직은 조직유형에 따라 단독소유의 개인 농장과 2인 이상의 공동투자에 의한 동업농장, 농업법인(농업회사법인과 영농조합법인) 등으로 구분된다.

농업경영 조직의 선택기준은 첫째, 주어진 토지, 노동, 자본재를 토대로 경영목적 달성을 위한 작목 및 생산방식에 따라 선택할 필요가 있다. 둘째, 자연적 조건과 사회경제적 조건, 그리고 개인적 사정에 따라 개인에 맞는 조직을 선택하여야 한다. 셋째, 생산물의 가격조건과 생산물의 시장 및 영농자재 공급선과의 거리와 수송수단 및 비용, 인구와 산업배치 등 사회·지리적 조건, 기술과 정보의 발달 및 확산 정도인 사회경제적 조건도 조직 선택에 있어 중요한 고려사항이다.

농업경영 조직화 사례는 농업경영체의 법인화에서 유래한다. 농업법인은 농어업경영체 육성 및 지원에 관한 법률에 근거하여 영농조합법인(제16조)와 농업회사법인(제19조)으로 구분된다.

영농조합법인과 농업회사법인은 영세소농 위주의 농업생산 구조를 탈피하고 규모화를 촉진하기 위해 도입된 형태이다. 영농조합법인은 5인 이상의 조합원이 참여하는 조합형식의 법인을 의미하고, 농업회사법인은 출자금이 전체의 25% 이상을 차지하고 농민이 대표가 되는 상법상의 법인을 의미한다. 2020년 말 운영중인 농업관련법인은 24,499개소이며 이 가운데 영농조합법인이 10,136개소 농업회사법인이 14,363개소이다 (표 1-8).

표 4-2 영농조합법인과 농업회사법인 비교

구분	영농조합법인	농업회사법인
설립근거	• 농어업경영체 육성 및 지원에 관한 법률 제16조	• 농어업경영체 육성 및 지원에 관한 법률 제19조
설립목적	• 협업적 농업경영, 농산물의 공동출하, 가공, 수출을 통한 조합원의 소득증대	• 기업적 농업경영, 농산물의 유통, 가공, 위탁 영농대행
회사형태	• 민법상의 조합	• 상법상의 합명, 합자, 유한회사, 주식회사
사업내용	• 농림어업의 경영 • 농림어업관련 공동시설의 설치 또는 운영 • 공동출하, 가공, 수출 • 농작업대행 • 목적사업 달성을 위해 정관이 정한 사업	• 영농에 필요한 자재의 생산, 공급 • 영농에 필요한 종묘생산 및 종균배양사업 • 농림수산물의 매취, 비취사업 • 농업기계 기타 장비의 임대, 수리, 보관 • 소규모 관개시설의 수탁, 관리사업
조합원의 책임한계	• 법인자사처분으로 법인의 채무를 상환할 수 없는 경우 개별조합원의 지분비율에 의거하여 책임	• 합명회사: 무한책임 • 합자회사: 무한책임사원(무한), 유한책임사원(유한) • 유한회사: 유한책임 • 주식회사: 유한책임
농지취득	• 취득가능	• 농지법 제2조 3항 규정에 적합한 경우 가능
설립자격	• 농업인, 농산물 생산자 단체	• 농업인, 농산물 생산자 단체
발기인수	• 농업인 5인 이상	• 합명(무한 2인 이상), 합자(유,무한 각 1인 이상), 유한(유한 2인 이상-50인 이하), 주식회사(유한 1인 이상)
출자제한	• 조합원의 출자한도 없음	• 비농업인의 출자액이 농업회사법인 총출자액의 90%를 초과할 수 없음
의결권	• 1인 1표가 원칙	• 출자지분에 의함

Chapter 5

농업자금운영

농업자금운영

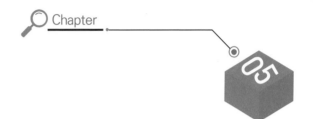

농업경영체는 아무리 수익성이 있는 사업체라도 특정한 시기에 자금이 부족하면 부도가 나서 경영체가 도산된다. 특히 자금투입이 많은 시설농업의 경우 더욱 주의가 필요하다. 농업경영체를 유지하는 경영자의 역할은 생산과 판매만 중요한 것이 아니라 돈 관리를 어떻게 관리하여 돈이 물 흐르듯이 잘 흐르도록 할 수 있는가 하는 것도 중요한 역할 가운데 하나이다. 따라서, 농업경영인은 자금이 언제 얼마나 필요한지를 사전에 파악하여 필요한 시기에 필요한 자금을 조달할 수 있도록 대책을 마련할 필요가 있으면 이를 위해서는 자금운용계획을 세워야 한다.

01 농업자금의 종류

자금은 농업경영의 생산요소 중 하나이며 자금이 필요한 시기와 그 금액 그리고 특히 자금상환기간이 매우 중요하다. 장기적 사업을 위해 자금을 융자받아야 할 경우, 투자자금의 상환기간은 사업 소득으로 상환이 가능한 시점보다 긴 것이 좋다. 예를 들어 농기계 구입과 같은 중기자금을 융자받았을 경우에 그 기계의 내구연수와 자금상환기간이 일치하는 것이 바람직하다.

투자자금은 대여기간에 따라 장기자금, 중기자금, 단기자금으로 구분된다. 장기자금은 상환 기간이 10년 이상인 경우이나 5년 이상을 장기자금으로 분류하는 경우도 있다. 중기자금은 자금상환 기간이 대략 3~5년인 자금을 말한다. 단기자금은 자금상환기간이 통상 2년 이내인 경우가 많다. 농업경영에 있어서는 토지, 건물시설 등을 위한 장기자금도 필요하지만, 사료구입, 종자구입, 노임지불 등에 소요되는 단기자금도 많이 필요하다.

02 농업자금조달방법

농업자금의 조달방법은 농가의 여유자금, 감가상각비 적립금, 자산매각 등의 방법으로 내부에서 조달하는 방법과 자금을 차입하거나 증자, 동업 등의 방법으로 외부에서 조달하는 방법이 있다. 창업의 초기단계에는 타인으로부터 자본을 조달받기 어렵기 때문에 타인자본보다는 자기자본에 대한 의존도가 높다.

자본의 내부조달 방법은 첫째, 농가의 여유자금을 이용하는 방법이 있다. 농가의 여유자금은 용도가 정해져 있지 않은 자금으로 사용되지 않고 있는 수익금을 의미한다. 둘째, 감가상각비 적립금이다. 감가상각비 적립금은 미래에 자산을 구입한다는 용도가 정해져 있으나 현재로는 당장 사용하지 않고 있는 자금이다. 셋째는 자산매각의 방법이다. 현재 농장에서 사용하지 않거나 사용가치가 감소한 자산을 매각하여 자본을 내부에서 조달할 수 있다.

자본의 외부조달 방법은 첫째 외상매입에 의한 자금조달이다. 이는 외상거래에 의한 매입물품의 미지급금을 의미하지만 단기간에 상환해야 하는 부담이 있다. 둘째는 담보대출, 신용대출 등으로 자금을 차입하는 방법이다. 셋째는 증자의 방법으로 동업, 합자, 상속, 증여 등의 방법으로 외부자금을 조달하는 방법이 있다.

농업인을 대상으로 하는 대표적인 외부조달 방법은 자금을 차입하는 방법이다. 농업에서의 대표적인 차입자금은 농림축산식품부에서 농업인을 대상으로 지원하는 농업정책자금 등과 같은 자금으로 용도와 대상 등에 따라 다양하다.

최근에는 신제품이나 신기술의 개발과 기업화를 지향하는 창업단계의 기업에게 자본을 지원하는 투자가나 투자회사들도 많이 생겨나고 있어서 이들 자본을 유치하는 것도 자본 부족을 해소하는 하나의 방법이다. 농업에서의 대표적인 투자 자금은 농림수산업자신용보증기금(농신보)이다. 농림수산업자신용보증기금의 목적은 담보력이 부족한 농림수산업자(개인, 법인)가 금융기관(농협, 수협, 산림조합, 농수산식품유통공사)에서 대출을 받을 때 신용을 보증(신용보증서 발급)함으로써 필요한 자금을 적기에 지원받을 수 있게 도와주는 제도이다.

표 5-1 농업정책자금의 종류 및 특징

자금종류	자금특징
농축산경영자금	• 농업인에게 농업경영비의 일부를 저리로 대출 • 동일인당 1천만 원 이내로 대부분 대손보전 신용한도를 이용하여 취급
축산발전기금	• 축산업관련 농가 및 사업체의 발전을 지원하기 위한 정부기금 대출 • 가축계열화, 축산낙농제품가공·유통, 도축도계장, 사료운료구매자금, 조사료 생산 등
FTA이행기금	• FTA체결에 따른 국내 농가의 경쟁력 강화를 위한 시설자금을 지원
농안기금	• 농산물가격안정을 위한 원재료수매, 에너지효율화 등의 사업자금을 지원
농촌주택자금	• 농촌주택 신축, 증축, 개량 등을 위한 자금
농업종합자금	• 농협이 자율적으로 대출대상자를 선정하는 대출 • 소정의 사업계획서와 관련 서류 심사를 통해 취급
농어촌구조개선자금	• 특별자치 도지사, 시장, 군수, 구청장이 사업대상자를 선정 • 후계농업경영인, 청년창업형후계농, 우수농업경영인 추가지원, 귀농인농업창업자금

표 5-2 농신보 보증상품

구분	자격요건	한도	보증비율
농어촌발전 선도농업인	전업농어업인, 농어업인 후계자 등, 선도농어가, 신지식농어업인, 전통식품명인 등	최고 2억 원 (창업 5년 이내 후계자는 3억 원)	90% (창업 5년 이내 후계자는 95%)
농어촌전문교육 이수자	창업 5년 이내인 만 39세 이하 농업계 고등학교 및 대학교 졸업자	최고 3억 원 (일반자금, 정책자금), (국가자격증 미보유시 2억 원)	95%
청·장년 귀농(어)창업	정부의 귀농창업 및 주택구입지원사업에 선정된 자 중, 현재 창업 5년 이내인 만 55세 이하	최고 3억 원 (정책자금)	95%
농어업 창업경진대회 입상자	정부, 지자체, 공공기관, 농협중앙회가 주최하는 농림수산(식품)분야 창업경진대회에서 입상한지 3년 이내 및 창업 5년 이내인 자	최고 3억 원 (일반자금, 정책자금)	농업인 95% 비농업인 90%

03 농업자금 운영계획

3.1 현금흐름표

자금운영계획은 지정된 기간 내에 현금의 흐름을 보여주는 것으로 대부분 3개월에서 1개월 단위로 자금흐름을 파악한다. 자금회전이 빠르거나 자금사정이 좋지 않을 경우에는 1개월 미만 단위로 자금흐름을 추정하기도 한다.

현금흐름표는 자금의 조달부분과 운영부분으로 구분하여 작성한다. 자금조달은 현금이 들어오는 것으로 경영주의 현금, 예금, 생산물의 판매대금, 타인자금의 차입, 경영연도 중 현금수익, 타인으로부터 채권을 상환받는 자금 등이 모두 포함된다. 자금운영은 현금이 나가는 것으로 차입금 등 채무 원리금 상환, 영농자재구입, 노임지불 등 경영비 (단, 여기서 현금의 흐름과 관련이 없는 감가상각비는 제외)지불, 토지 및 시설장비 투자 등이 있다. 원리금 상환계획시 투자금의 성질이나 이자형태를 고려하여 상환을 결정해야 한다.

자금운영계획은 자금의 조달과 자금의 운영상황을 나타내기 위한 목적으로 작성되므로 사업의 수익성을 따지는 손익계산서와는 차이가 있다. 첫째, 자금운영 계획은 오직 현금 흐름만을 고려하고 현금이 아닌 현물 소득이나 현물비용은 고려하지 않는다. 둘째, 자금운영계획은 어떠한 기간 단위로 손익을 계산하는 손익계산과는 달리 어느 한 시점에서의 현금의 들어옴과 나감을 알 수 있다. 즉, 자금운영계획 작성은 일정 시점에서의 현금이 들어오고 나가는 것을 추정한 현금 출납부와 유사하다.

현금흐름표는 연차별 자금 흐름도를 나타낸 것인데, 이러한 연차별 자금 흐름도를 월별 세분화시킨 월별 자금 흐름도를 작성하여 세부적으로 관리하는 것이 좋다. 자금운영계획에 있어서 시설장비 등 중장기 투자는 어느 곳에 얼마나 투자할 것인가, 농장운영 자금을 어떻게 원활하게 조달할 것인가 하는 사항을 포함시켜 계획해야 한다.

자금운영계획과 관련하여 유의할 사항은 자금의 대여기간이다. 사업에 따라서는 조기자금상환이 가능할 수도 있고 장기간 걸릴 수도 있다. 따라서 자금상환이 가능한 시점을 잘 고려하여 자금의 대여기간을 결정해야 한다.

자금의 흐름은 사업형태나 1년 중 소득과 비용이 발생하는 시기나 형태에 따라 다르므로 사업의 특성에 잘 맞추어 자금운영계획을 세워야 한다. 예를 들어, 수도작 농가

구분		연차별					
		1차연도	2차연도	3차연도	4차연도	5차연도	합계
수입	농산물판매대금						
	농업 외 수입						
	사업착수금						
	자산매각대금						
	융자금						
	소계(B)						
지출	농지투자(상환금)						
	시설투자(상환금)						
	농기계투자(상환금)						
	가축구입						
	기타분야투자						
	경영비						
	소계(A)						
수지균형(C) (C = B − A)							
누적수직균현 (D = 전년도D + 현년도C)							

표 5-3 현금흐름표 (단위: 만 원)

는 가을 수확 직후에 자금 여력이 충분하나 수확 직전에는 자금고갈의 우려가 있고, 낙농 농가는 연중 자금흐름이 일정한 편이므로 이러한 자금 특성을 고려해야 한다.

3.2 자금 차입 시 주의사항

농가는 재배작목의 선정이나 영농기술의 부족, 농산물 가격하락, 기상조건이 악화 등의 요인으로 인해 재정적인 어려움에 직면할 수도 있다. 그러나 대부분의 자금위기는 갑자기 나타나는 것이 아니라 사전에 심상치 않은 징후가 나타나는데 농업경영인은 이를 사전에 파악하여 대책을 세워야 한다. 자금위기의 사전징후로는 지속해서 지출이 수입보다 많은 경우, 최근 대규모 투자가 없음에도 불구하고 급하게 돈이 필요한 경우가 자주 발생할 때, 농가부채가 유통자산을 초과하는 경우가 대표적인 사전징후이다.

자금 차입시 고려사항으로는 첫째, 자금을 차입하여 사업을 시작할 때 생긴 수익률이 자금 차입시 부과되는 이자율을 초과하는가를 고려한다. 둘째, 사업추진이 자금의 흐름을 원활하게 하지 못할 우려가 없는지를 검토한다. 많은 이익을 남기는 사업도 운영자금의 부족으로 부도가 발생하는 흑자도산이 발생할 수도 있다. 셋째, 적정한 부채비율을 유지한다. 자금관리의 중요한 지표 가운데 하나는 자기자본에 대한 부채의 비율이다. 부채비율이 높을수록 경영의 위험정도가 높다. 넷째, 사업목적이나 투자자산의 내용연수를 고려하여 자금을 차입한다. 토지나 건물 등 부동산은 장기자금, 기계나 장비등의 고정자산은 중기자금, 기타 자재구입이나 노임지불 등은 단기자금을 활용함이 바람직하다. 자금의 차입기간이 길수록 유리한 측면도 있지만 지나치게 길 경우 상환능력이 있을 때 상환하지 못하고 타용도로 자금을 사용할 우려도 있다. 다섯째, 위험과 불확실성에 대비할 필요가 있다. 농업은 기상환경에 영향을 크게 받을 뿐만 아니라 새로운 기술 수용에 있어서도 불확실성이 높다. 또한 농산물 수급에 따라 가격의 불확실성도 매우 크기 때문에 이러한 불확실성을 사전에 대비할 필요가 있다.

자금의 운영계획과 달리 농장의 자금사정 등이 달라질 수 있으므로 농업경영자는 이에 빠르게 대응할 수 있는 의사결정을 현명하게 해야 한다. 예를 들면, 자금사정이 악화될 경우에는 물품대금의 지급금 연기, 상품의 조기판매, 물품 대금의 조기회수, 부족자금의 융자신청 등의 의사결정이 필요하며, 반대로 자금의 여력이 될 경우에는 여유자금의 활용을 통한 추가 수익창출도 생각해내야 한다.

농업투자분석

농업투자분석

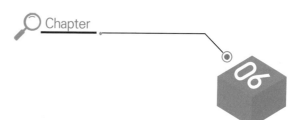

Chapter 06

투자란 미래의 기대소득을 얻기 위해 현재의 소비를 연기하는 행위를 말한다. 부동산투자, 주식투자, 농기계투자, 시설투자 등 투자대상에 따라 다양한 표현이 있으나, 일반적으로 일정한 내구연수를 가진 자본재의 구입행위를 투자분석 대상으로 취급한다. 투자는 잘하면 보상이 주어지지만 반대일 경우에는 손해를 보게 된다. 손해를 보지 않기 위해서는 정확한 정보에 기초하여 투자분석을 실시해야 하며, 분석결과를 바탕으로 투자대상과 투자시기를 신중하게 선택해야 한다. 투자가 이루어진 다음에는 투자가 성과를 낼 수 있도록 경영진단과 경영개선을 반복할 필요가 있다.

01 투자의 개념과 특징

투자는 신규투자와 대체투자로 나누어진다. 신규투자란 새로운 시설이나 장비 등을 도입하는 행위를 말한다. 예를 들어, 사과 저장에 필요한 저온저장고를 새롭게 설치하거나 벼 수확에 필요한 콤바인을 새로 구입하는 행위 등이 신규투자에 해당한다. 이에 비해 대체투자란 기존에 사용하고 있던 시설이나 장비를 새것으로 대체하는 투자를 말한다. 대체투자는 시설이나 장비의 노후화, 잦은 고장, 새로운 시설과 장비의 개발, 경영 규모의 변화 등으로 기존의 시설이나 장비를 대체하는 경우에 주로 발생한다.

또한 투자는 수익증가를 목적으로 하는 투자와 비용절약을 목적으로 하는 투자가 있다. 수익증가적 투자는 자본재에 대한 투자가 비용의 변화 없이 수익의 증가를 가져오는 경우를 말하며 비용절약적 투자는 수익의 변화 없이 비용의 절감을 가져오는 투자를 말한다. 비용절약적 투자의 사례에는 손 이앙을 기계 이앙으로 대체하거나 인력에 의한 수확을 콤바인으로 대체함으로써 비용을 절약하는 투자 등이 해당한다. 그러나 실제적으로 수익증가적 투자와 비용절약적 투자를 구분하기란 쉽지 않으며 두 가지 효과가 동시에 나타나는 경우가 많다.

농업투자의 대상이 되는 자본재는 일정한 내구연수를 가지고 생산에 기여하는 물리적 형태를 가진 자산을 말하며 농기계, 저장고, 구축물 등이 이에 해당한다.

자본재 투자는 다음과 같은 특징이 있다. 첫째, 대규모 초기 투자비용이 소요된다. 농기계, 저장고, 구축물 등 자본재의 구입에는 일시적으로 대규모의 목돈이 소요된다. 따라서 자금의 조달 가능성을 꼼꼼히 살펴본 다음에 가장 적절한 조달방법을 선택한다. 둘째, 초기 투자비용의 지출과 수익의 흐름이 일치하지 않는다. 투자비용의 지출은 초기에 일시적으로 이루어지고 수익은 내구연수 동안 꾸준히 발생한다. 따라서 차입금이 있을 경우 전체 사업기간에 걸쳐 자금상환계획을 수립할 필요가 있다. 셋째, 투자의 번복이 어렵다. 투자결정이 이루어지면 되돌리기가 어려우며, 번복할 경우 자산가치의 하락이 발생한다. 예를 들어, 농기계를 새로 구입하거나 저장고를 신규로 설치한 다음 되

🔥 화폐의 시간적 가치

화폐의 가치는 일반적으로 구매력 다시 말하면 상품에 대한 화폐의 교환가치를 의미한다. 화폐의 교환가치는 매년 물가가 상승하면 화폐의 교환가치가 하락하고 반대로 물가가 하락하면 화폐의 교환가치는 상승한다.

일반적으로 투자는 현재 시점에서 투자가 이루어져 투자비용도 현재 시점에서 발생한다. 그러나, 수익은 미래시점에서 발생하기 때문에 투자비용의 정확한 효과를 분석하기 위해서는 투자비용과 수익을 동일한 시점에서 비교하여 분석할 필요가 있다. 특히 매년 물가가 상승하기 때문에 정확한 투입대비 효과를 분석하기 위해서는 현재의 투자비용과 미래의 수익을 단순히 비교하기보다는 현재 시점 또는 미래 시점을 결정한 이후에 동일 시점에서 투자비용과 수익을 비교해야 한다.

미래가치는 현재의 일정금액을 미래의 어느 시점에서 평가한 가치로써 다음 식으로 계산된다.

$$FV = P(1+r)^n \qquad \therefore \ FV: 미래가치, \ P: 현재 금액, \ r: 이자율, \ n: 연수$$

현재가치는 미래의 현금흐름을 현재의 시점에서 평가한 가치로써 다음 식으로 계산된다.

$$PV = F/(1+r)^n \qquad \therefore \ PV: 미래가치, \ F: 현재 금액, \ r: 이자율, \ n: 연수$$

팔거나 원상 복구할 경우 막대한 금전적 손해를 감수해야 한다. 따라서 자본재에 대한 투자는 신중하게 결정하여야 한다.

02 투자분석절차

투자분석은 [문제의 인식] → [대안의 식별] → [투자분석 방법의 선택] → [자료의 수집과 분석] → [대안의 선택] 순으로 투자분석 절차가 진행된다.

첫 번째 단계는 문제의 인식 단계이다. 문제 인식 단계는 현재 경영상태의 문제점을 인식하고 자본재 투자에 대한 필요성을 인식하는 단계이다. 문제에 대한 정확한 인식이 부족할 경우에는 중복투자나 잘못된 투자로 인해 수익성이 낮아질 수 있다.

두 번째 단계는 대안의 식별 단계이다. 이 단계는 문제를 해결할 수 있는 대안의 식별과정이라고 말할 수 있다. 예를 들어, 농촌 노동력의 부족이 문제라면 노동을 기계로 대체한다든지 아니면 도시 노동자 또는 외국 노동자를 고용하는 것이 대안이 될 수 있다. 통상적으로 대안은 여러 개가 검토될 수 있으나, 자금 능력이나 기술적 가능성 등 실현 가능성을 고려하여 몇 개 이내로 제한하는 것이 바람직하다.

세 번째 단계는 투자분석방법의 선택이다. 투자분석방법에는 단순수익률법, 원금회수법, 순현재가치법, 내부수익률법 등의 분석방법이 있다. 단순수익률법과 원금회수법은 단순하고 직관적이지만, 시간의 가치를 고려하지 못하는 단점이 있다. 순현재가치법과 내부수익률법은 시간의 가치를 고려하는 방법으로 널리 활용되지만, 계산기나 컴퓨터의 도움이 필요하다는 단점이 있다. 투자분석방법들은 각각 장점과 단점이 있기 때문에 분석목적에 적합한 방법을 선택하는 것이 중요하다.

네 번째 단계는 자료의 수집과 분석단계이다. 농업관련 분석정보는 다양한 경로를 통해 수집될 수 있다. 시군농업기술센터나 도농업기술원, 농촌진흥청 등 농업기술 전문기관이나 농축협, 농촌경제연구원, 도매시장, 유통공사, 인터넷, 선도 농가 등 다양한 경로를 통해 정보가 수집된다. 많은 자료보다는 꼭 필요하고 신뢰할 만한 정보를 정리해서 투자분석에 이용할 필요가 있다.

초기투자비용에는 투자와 관련한 모든 비용을 포함한다. 예를 들면, 1톤 트럭을 신규로 구입할 경우 구입비용뿐만 아니라 등록세, 보험료, 선적비용까지도 투자비용에 포함시킨다. 또한 신규과원을 조성할 경우에는 과일이 본격적으로 생산되기 이전까지 투입되는 묘목, 퇴비, 농약, 인건비, 관배수시설, 도로확장, 창고 건축 등에 소요되는 모든 비용을 초기투자비용에 포함시킨다. 또한 대체투자의 경우에는 신규 투자비용에서 대체자산의 잔존가치를 차감하여 초기 투자비용을 계산한다.

이자율은 미래의 순현금흐름을 현재가치로 환산시켜주는 연결고리이다. 이자율은 물가상승률, 사업의 위험성, 투자자의 위험에 대한 태도 등에 따라 다르게 적용된다. 사업과 관련된 위험성을 매우 높게 평가하는 투자자는 미래에 발생하는 수익보다는 현재의 수익을 높게 평가하기 때문에 이자율을 높게 책정한다. 그러나 상기에서 열거한 여러 가지 위험요인을 모두 고려하여 개인의 이자율(할인율)을 정하기는 쉽지 않다. 따라서 대안으로 시장에서 평가되는 정기예금 금리나 회사채 수익률을 이자율로 사용할 수 있다.

순현금흐름은 사업으로 인한 현금유입에서 현금유출을 차감하여 구한다. 순현금흐름은 미래성과에 대한 예측을 나타내며, 과거 성과에 기초하여 현실성 있게 계산할 필요가 있다. 현금유입에는 미래에 발생되는 수입을 모두 포함시키며, 현금유출에는 사업에 따른 운영비, 이자, 세금 등을 포함시킨다. 비용절약적 투자의 경우에는 현금유입은 고려하지 않고 현금의 유출만을 고려하여 투자를 분석한다.

잔존가치는 사업이 종료되는 시점에서 자산의 잔존가치를 평가하여 현금유입으로 간주한다. 잔존가치는 시장가격으로 평가되는 것이 바람직하지만, 미래의 시장가격을 예측하기 어렵기 때문에 보통 구입가격의 일정비율을 잔존가치로 계산한다. 잔존가치율은 농기계, 시설, 건축물 및 구축물 등에 따라 다를 수 있다. 주의할 점은 건축물이나 구축물은 사업기간이 종료될 경우 철거비용이 발생하며 잔존가치를 상회할 가능성이 있다. 따라서 철거비용을 고려하여 잔존가치를 계산하는 것이 바람직하다.

다섯 번째는 대안의 선택단계이다. 통상적으로 투자는 복수의 투자 대안이 존재한다. 따라서 다양한 투자대안 가운데 수익성이 있는 대안을 선택하되, 수익성이 있는 대안이 여러 개 일 경우에는 수익성이 가장 높은 대안을 선택하는 것이 합리적이다.

03 투자분석방법

　　농업경영자가 창업 혹은 규모 확대나 시설 현대화 등을 위해 기계나 시설과 같은 고정자산에 대규모로 투자할 경우, 사전에 투자의 타당성을 분석하여야 한다. 투자분석 기법은 단 하나의 계획안을 가지고 그 채택여부를 결정하는 경우와 두 개 이상의 계획안 중에서 더욱 유리한 계획안을 선택하기 위한 수단으로 사용된다.

　　투자가 경제성이 있는지를 평가하는 기준이 되는 지표로서는 비용편익비율(B/C Ratio), 내부수익률(IRR)과 같이 비율을 기준으로 하는 방법과 순현재가치(NPV)와 같이 금액을 기준으로 하는 경우, 원금회수기간 등 기간을 기준으로 하는 경우가 있다.

3.1 비용편익 비율

　　비용편익비율은 편익의 현재가치의 합계를 비용의 현재가치의 합계로 나눈 비율을 말한다. 편익이 비용보다 크면 비용편익비율은 1보다 크게 되므로 이때 투자가 가치 있다고 판단하고 비용편익 비율이 1보다 작으면 비용이 편익보다 큰 것이기 때문에 투자 가치가 없다고 판단하면 된다.

　　비용편익비율을 구하는 공식은 다음과 같다.

$$B = \frac{b_1}{1+r} + \frac{b_2}{(1+r)^2} + \cdots\cdots + \frac{b_n}{(1+r)^n} = \sum_{t=1}^{n} \frac{b_t}{(1+r)^t}$$

$$C = c_0 + \frac{c_1}{1+r} + \frac{c_2}{(1+r)^2} + \cdots\cdots + \frac{c_{n-1}}{(1+r)^{n-1}} = \sum_{t=0}^{n-1} \frac{c_t}{(1+r)^t}$$

내용연수: n, t기 편익: B_t, t기 비용: C_t, t=1, 2 ‥ n, 할인율: r

$$\text{비용편익비율(B/C)} = \frac{B}{C} = \frac{\displaystyle\sum_{t=0}^{n} \frac{b_t}{(1+r)^t}}{\displaystyle\sum_{t=0}^{n} \frac{c_t}{(1+r)^t}}$$

비용편익비율 역시 할인율을 어떻게 정하는가에 따라 비용편익비율이 1 이상이 될 수도 있고 1 이하가 될 수도 있으므로 적정할인율(이자율)의 선택을 신중히 할 필요가 있다.

3.2 순현재가치환산법(Net Present Value)

순현재가치환산법(NPV)은 연도별로 발생되는 수익과 비용을 모두 현재가치로 전환하여 합계를 내고 수익의 합계에서 비용의 합계를 뺀 수치를 말한다. 두 가지 방법이 있다.

첫 번째 방법은 연차별 비용은 비용대로 현재가치로 전환해서 그 합계를 계산하고 수익은 수익대로 현재가치로 전환하여 그 합계를 산출하여 수익의 합계에서 비용의 합계를 빼는 방법이며, 두 번째 방법은 매년 수익에서 비용을 뺀 현금흐름을 계산하여 이를 수익으로 보고 순현재가치로 환산하여 순현재가치를 계산하는 방법이다.

계산된 순현재가치가 0보다 크면 수익이 비용보다 크므로 투자가치가 있다고 판단하고 0보다 적으면 수익보다 비용이 크므로 투자가치가 없다고 판단하면 된다.

순현재가치를 구하는 공식은 다음과 같다.

$$NPV = \frac{B_1 - C_1}{(1+r)^1} + \cdots + \frac{B_t - C_t}{(1+r)^t} + \cdots + \frac{B_n - C_n}{(1+r)^n}$$

B_t =시점 t에서 발생한 편익 C_t =시점 t에서 발생한 비용

r =할인율 n =연수

다음과 같은 사례를 생각해 볼 수 있다. 작물A와 작물B의 5년간 조수익과 생산비는 10a당 각각 다음과 같을 것으로 예상된다. 이때 작물A와 작물B의 순현재가치(NPV)는 얼마인가? (단, 연간 이자율은 10%로 계산한다)

예

작물의 5년간 조수입과 생산비가 다음과 같이 예상될 경우 순현재가치는?
단, 연간 이자율은 0.1이다.

연수	작물 A		작물 B	
	조수익	생산비	조수익	생산비
1	100	200	560	400
2	275	200	560	400
3	350	200	560	400
4	600	200	560	400
5	500	200	560	400

작물 A와 작물 B의 조수익에서 생산비를 뺀 이후에 순현재가치환산 공식을 적용하여 계산하면 다음과 같다.

작물 A와 작물 B 모두 순현재가치가 양(+)으로 계측되어 투자의 적정성이 있음을 알 수 있다.

작물 A의 순현재가치는 10a당 543만 원이고 작물 B는 607만 원으로 계측되어 작물 B의 선택이 농가수익에 유리한 것으로 판단된다.

연수	작물 A				작물 B			
	B_t	C_t	(B_t-C_t)	$(B_t-C_t)/(1+0.1)^t$	B_t	C_t	(B_t-C_t)	$(B_t-C_t)/(1+0.1)^t$
1	100	200	-100	-90.91	560	400	160	145.45
2	275	200	75	61.98	560	400	160	132.23
3	350	200	150	112.70	560	400	160	120.21
4	600	200	400	273.21	560	400	160	109.28
5	500	200	300	186.28	560	400	160	99.35
NPV				543.25				606.53

3.3 내부투자수익률(Internal Rate of Return)

순현재가치나 비용편익 비율은 사용된 할인율에 따라 투자 가치가 있는 사업으로 판단될 수도 있고 투자가치가 없는 사업으로도 판단될 수 있는 경우가 발생할 수 있다. 내부 투자 수익률(IRR)은 순현재가치(NPK)가 0이 되거나 비용편익 비율(B/C)이 1이 되는 할인율을 계산한 지표이다.

이렇게 계산된 내부투자 수익률은 이 사업에 투여된 자원에 대하여 지불가능한 최대 수익률을 나타낸다. 따라서 투자판단을 할 경우 내부투자 수익률이 높을수록 투자가치가 있는 사업으로 판단할 수 있다. 내부 투자 수익률은 순현재가치(NPV)나 편익과 비용비율(B/C)을 계산할 때에 있어 최대의 난점인 할인율을 결정하는 어려움을 없애고 투자 자본액의 수익률을 나타낼 수 있다는 장점이 있다.

내부투자수익률을 구하는 공식은 다음과 같다.

$$\sum_{t=1}^{n} \frac{b_t}{(1+r)^t} = \sum_{t=0}^{n} \frac{c_t}{(1+r)^t}$$

04 손익분기점분석

손익분기점 분석은 새로운 기술을 개발했을 때 그 기술이 어느 정도의 규모나 생산량에서 기존 기술보다 경제성이 있는가를 비교할 때 사용하는 방법이다.

손익분기점은 총수익과 총비용이 일치하는 생산량, 판매량과 규모이며, 이익도 손실도 발생하지 않는 점을 의미한다. 수익과 비용이 균형되는 매출액 또는 판매량을 나타내는 것으로 이는 수익과 비용이 똑같게 되어 손익이 0이 되는 매출을 의미한다. 매출이 손익분기점 이하가 되면 손실이 발생하지만, 매출이 손익분기점 이상이 되면 이익이 발생한다.

손익분기점의 응용사례로는 다음과 같은 사례들이 있다.

- 일정한 이익을 얻기 위하여 필요한 매출액을 산출함
- 농산물 판매가격이 변화한 경우의 손익분기점 계산함
- 변동비 또는 고정비가 증가한 경우의 손익분기점을 구함
- 일정한 매출액일 때의 예정 이익을 산출함
- 경영변화를 어느 정도 예측하는 것이 가능

손익분기점을 계산하는 방법은 크게 도표법과 공식법이 있다. 먼저, 도표법에 의한 손익분기점 작성방법은 다음과 같다.

- 먼저 정사각형으로 만들고 종축은 수익, 비용 및 손익을 표시하고, 적당히 구분해서 눈금을 정한다. 그리고 횡축에는 매출액 및 조업도를 표시하고 눈금을 정한다.
- 좌하점에서 우상점으로 대각선 OA를 그으면, OA는 매출액선이 된다.
- 고정비의 눈금을 결정하여 그 눈금을 정하고, 횡축과 평행이 되도록 고정비선 CE를 긋는다.
- 고정비선의 C점을 기준으로 다음에 우축의 비용을 표시하는 눈금에 변동비에 해당하는 눈금 D를 정하고 선 CD를 긋는다. 이 선 CD가 변동비선인 동시에

| 그림 6-1 | 손익분기점 구성항목 |

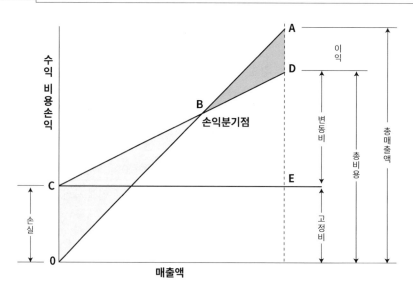

농업경영학의 이해

총비용선이 된다. 이때 매출액선 OA와 총비용선 CD가 교차하는 점 B가 바로 손익분기점이며, 이 점의 오른쪽은 이익, 왼쪽은 손실이 발생하는 매출액을 나타낸다.

다음으로 공식법에 의한 손익분기점 계산은 비용을 고정비와 유동비로 나누고 매출액(조수익)을 계산하여 다음 공식에 대입하여 구할 수 있다.

$$손익분기점 = \frac{F}{1 - \frac{V}{S}}$$

여기서, F=고정비, V=유동비, S=매출액

손익분기점 분석을 위해서는 다음 조건을 만족하여야 한다.

첫째, 총비용을 고정비와 유동비로 구분할 수 있어야 한다. 고정비는 생산량에 상관없이 고정적으로 발생하는 감가상각비, 수리비, 자기자본 등으로 구성되고, 유동비는 생산량 증감에 따라 일정한 비율을 가지고 변동하는 노임, 연료비 등으로 구성된다.

둘째, 손익분기점 분석은 원칙적으로 단일 품목에 한하여 적용된다.

셋째, 총수익은 판매량에 정비례하고 단위당 판매가격은 항상 일정하며, 생산성이나 경영효율성에 변화가 없음을 가정한다.

다음 사례는 오이재배 농가의 손익분기점을 공식법으로 작성한 사례이다. 오이재배 농가가 신규로 시설을 설치하여 오이재배를 시작할 경우 손익분기점이 되는 매출액 규모를 구하는 예제이다. 이와 관련한 예상생산량, kg당 단가, 조수입, 유동비, 고정비는 다음과 같다.

표 6-1	시설오이 농가의 손익분기점			(단위: 원/10a)
수량(kg)	단가(원/kg)	조수입	유동비	고정비
10,425	900	9,382,500	1,918,644	4,365,948

- **손익분기 생산량** = 고정비 ÷ (가격 − (유동비 ÷ 수량))

  = 4,365,948 ÷ (900 − (1,918,644 ÷ 10,425)) = **6,098kg**
- **손익분기 조수입** = 고정비 ÷ (1 − (변동비 ÷ 조수입))

  = 4,365,948 ÷ (1 − (1,918,644 ÷ 9,382,500)) = **5,457,435원**

Chapter 7

농산물생산분석

농산물생산분석

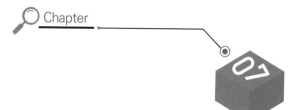

Chapter

07

농상을 운영하는 가장 기초가 되는 부분이 생산계획이다. 생산계획에서는 생산함수와 비용함수를 통하여 농가의 경영목표인 농업순수익(또는 소득) 최대화를 달성하기 위한 최적의 ① 투입(생산요소)과 산출(생산물)의 관계, ② 생산요소 간의 대체관계, ③ 생산물 간의 대체관계 등의 원리를 이해할 필요가 있다.

첫째, 투입(생산요소)과 산출(생산물)의 관계는 생산요소의 투입량에 따라서 생산량이 어떻게 변하는가? 다시 말하면, 최적의 생산량(투입량) 수준(Economical Optimum)이 어디인지를 이해하기 위해서이다.

둘째, 생산요소 간의 대체관계는 일정한 생산량을 생산하기 위한 생산요소 간의 대체관계가 어떻게 달라지는지? 다시 말하면, 최소 비용결합점(Minimal Cost Combination)이 어디인지를 이해하는 것이다.

셋째, 생산물 간의 대체관계는 제한된 생산요소로 생산할 수 있는 생산물 간의 대체관계가 어떻게 달라지는지? 다시 말하면, 최적 생산물결합점(Optimal Product Combination)이 어디인지를 이해하는 것이다.

01 생산함수

생산함수는 생산요소 투입량과 생산물 생산량과의 관계를 나타내는 함수를 말한다. 생산요소 투입량은 고정투입량과 가변투입량으로 구분된다. 생산량과 관계없이 일정한 투입물을 고정투입량이라 하고, 투입량의 증감이 생산물의 산출량 증감에 영향을 미치는 것을 가변투입량이라 한다.

산출량을 Y, 가변투입물을 X_1, 고정투입물을 X_a라 할 때, 생산함수 $Y=f(X_1/X_a)$ 이며, 이를 정의식이라 한다.

산출량이 X_1의 투입량에만 의존할 때에는 생산함수를 $Y=f(X_1)$으로 표시할 수 있다.

1.1 생산함수의 형태

생산함수는 투입요소와 산출량과의 관계를 의미하며, 다음과 같은 형태로 나타낸다.

1.1.1. 직선적인 형태

투입물의 각 추가단위에 대하여 생산물이 동일한 양으로 증가하는 행태로써 $Y=a+bX$로 표현된다.

그림 7-1 | **수확불변의 생산함수**

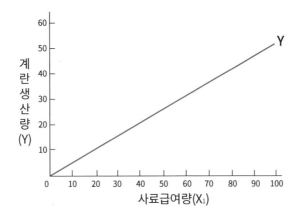

1.1.2. 수확체증인 형태

$Y=f(X_1/X_2,\ X_3,\ \ldots\ldots,\ X_n)$에서 X_1을 추가로 투입($\varDelta X_1$)할수록 그에 따라 얻어지는 추가생산량($\varDelta Y$)의 비율이 점점 높아지는 생산함수의 형태이다.

그림 7-2 | 수확체증의 생산함수

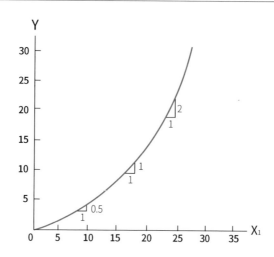

1.1.3. 수확체감인 형태

$Y=f(X_1/X_2, X_3, \ldots\ldots, X_n)$에서 X_1을 추가로 투입(ΔX_1)할수록 그에 따라 얻어지는 추가생산량(ΔY)의 비율이 점점 작아지는 생산함수의 형태이다.

그림 7-3 | 수확체감의 생산함수

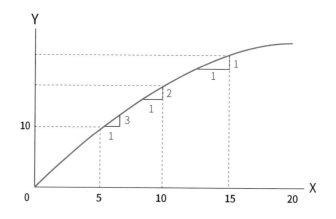

1.1.4. 수확체증과 체감이 결합된 형태

수확체증이나 수확체감인 형태의 생산함수가 단독으로 전체 생산과정에 걸쳐 나타나는 경우보다 대개 두 가지 형태가 나타나는 경우가 많으며, $Y = a + bX_1 + cX_1^2 + dX_1^3$로 표현된다.

그림 7-4	수확체증과 체감이 결합된 생산함수

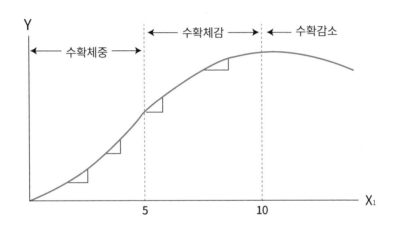

1.2 총생산, 평균생산, 한계생산

총생산(total physical product, TPP)은 투입재 X의 투입량에 따라 변화하는 생산량, 즉 Y값을 말한다.

평균생산(average physical product, APP)은 총생산량(total physical product, TPP)을 자원의 투입량으로 나누어서 계산한 것으로 즉, $APP = TPP/X$로 표시된다.

한계생산(marginal physical product, MPP)은 투입물을 추가적으로 1단위 더 투입함으로써 얻어지는 총생산의 추가분을 말하며 다음과 같이 계산한다. $MPP = \Delta Y/\Delta X$(여기서 ΔY는 산출량의 증가분, ΔX는 투입량의 증가분)이다.

총생산과 한계생산의 관계는 다음과 같다. 첫째, 총생산이 증가하고 있을 때 한계생산은 양(+)이며, 총생산이 감소할 때 한계생산은 음(-)이고, 총생산이 최고일 때 한계생산은 0이다.

둘째, 한계생산이 증가하면 총생산 TPP는 체증적으로 증가하고, 한계생산이 양(+)

이지만 감소할 때는 총생산은 체감적으로 증가한다.

평균생산과 한계생산의 관계는 다음과 같다.

첫째, $MPP > APP$일 때 APP는 증가한다.

둘째, $MPP = APP$일 때 APP는 최고이다.

셋째, $MPP < APP$일 때 APP는 감소한다.

그림 7-5 총생산, 평균생산, 한계생산

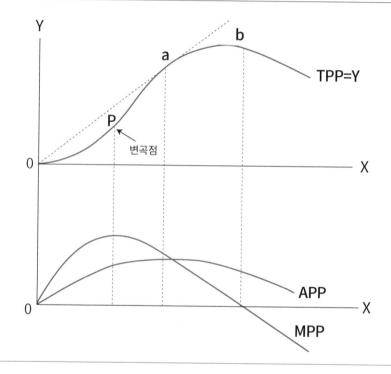

수확체감의 법칙이란 다른 조건이 일정할 때 하나의 생산요소를 추가로 증가시키면 그 요소의 추가단위당 추가생산, 즉 한계생산이 감소하는 현상을 말한다.

1.3 생산의 3영역

생산의 제1영역은 평균생산이 증가하는 부분으로 평균생산이 최대가 되는 자원투입수준(또는 생산수준)까지이며 이 점에서 한계생산과 평균생산이 일치한다.

생산의 제2영역은 평균생산이 최고가 되는 점부터 APP와 MPP가 감소하며 MPP가 0이 되는 점까지의 범위로써 MPP가 0일 때 TPP가 최고가 된다.

생산의 제3영역은 총생산이 최고인 수준 즉, MPP가 0부터 총생산이 감소 즉 MPP가 (−)인 생산영역이다.

| 그림 7-6 | 생산의 3영역과 특징 |

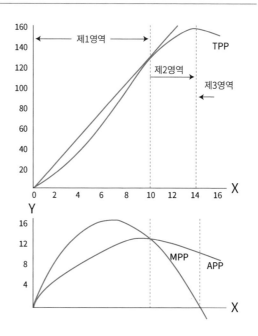

1영역
- 평균생산이 최고인 생산량까지의 범위
- 평균생산이 증가하는 범위
- 한계생산이 평균생산보다 큼

2영역
- 평균생산 최고점에서 총생산 최고점까지
- 평균생산이 감소하나 총생산은 증가
- 한계생산의 체감
- 평균생산이 한계생산보다 큰 영역

3영역
- 총생산이 최고 수준 이상일 때
- 총생산이 감소
- 한계생산이 음(-)인 범위

1.4 적정자원투입수준의 결정

생산물량에 생산물의 가격을 곱하면 생산물의 가치를 얻게 된다.

- $TPP \cdot P_Y = TVP$(total value product) 즉 총가치생산
- $APP \cdot P_Y = AVP$(average value product) 즉 평균가치생산
- $MPP \cdot P_Y = MVP$(magical value product) 즉 한계가치생산이다.

표 7-1 총생산액, 총가변비용, 이윤

투입량 (X)	총생산 (Y)	총생산액 (TVP)	평균가치생산 (AVP)	한계가치생산 (MVP)	총가변비용 (TVC)	이윤 (π)
0	0.0	0	−	−	0	0
1	4.9	4,900	4,900	4,900	500	4,400
2	13.2	13,200	6,600	8,300	1,000	12,200
3	24.3	24,300	8,100	11,100	1,500	22,800
4	37.6	37,600	9,400	13,300	2,000	35,600
5	52.5	52,500	10,500	14,900	2,500	50,000
6	68.4	68,400	10,800	15,900	3,000	65,400
7	84.7	84,700	12,100	16,300	3,500	81,200
8	100.8	100,800	12,600	16,100	4,000	96,800
9	116.1	116,100	12,900	15,300	4,500	111,600
10	130.0	130,000	13,000	13,900	5,000	125,000
11	141.9	141,900	12,900	11,900	5,500	136,400
12	151.2	151,200	12,600	9,300	6,000	145,200
13	157.3	157,300	12,100	6,100	6,500	150,800
14	159.6	159,600	11,400	2,300	7,000	152,600
15	157.5	157,500	10,500	−2,100	7,500	150,000
16	150.4	150,400	9,400	−7,100	8,000	142,400

자원의 적정투입수준이란 이윤을 극대화하는 수준을 말한다.

이윤을 Π라 할 때 이윤을 극대화하는 방법은 먼저, $\Pi = TYP - TC$를 최대화하면 된다. 즉 총생산액(TVP)에서 총비용(TC)를 뺀 차액 Π를 최대화하면 된다. 그런데 $TC = TVC + TFC$(총비용 = 총가변비용 + 총고정비용)이고 TFC는 생산량의 변화와 상관없이 일정하므로 $\Pi = TYP - TVC$를 최대화하는 점을 구하면 된다.

둘째 방법은 한계균등의 원리에 의해서 구할 수 있다. 즉 $MVP = MC$(여기서, MC = 한계비용)이다. 그런데 완전경쟁시장에서 한계비용은 생산요소의 가격 P_X와 같고 한계수익(MR)은 생산물의 가격(P_Y)와 같다. 따라서 적정투입수준은 $MVP = P_X$(여기서 MVP = 한계치 생산, P_X는 생산요소의 가격)가 된다. 그런데 $MVP = MPP \cdot P_Y$(여기서 P_Y는 생산물의 가격)이므로 $MPP \cdot P_Y = P_X$이다. 또한, $MPP = \Delta Y/\Delta X$이므로 $\frac{\Delta Y}{\Delta X} \cdot P_Y = P_X$ 즉, $\Delta Y/\Delta X = P_X/P_Y$이다.

생산 및 자원투입량의 적정수준은 투입물과 생산물의 한계전환율($\Delta Y/\Delta X$)이 가격의 역비(P_X/P_Y)와 같은 점이며, 이 적정수준은 생산 제2영역에서 결정된다.

적정수준이 $MVP = P_X$에서 결정되기 때문에 P_X가 상승하면 자원의 적정투입수준과 생산량의 적정수준이 감소하게 되고, P_X가 하락하면 그 반대의 현상이 나타나게 된다.

그림 7-7 적정자원 투입수준의 결정

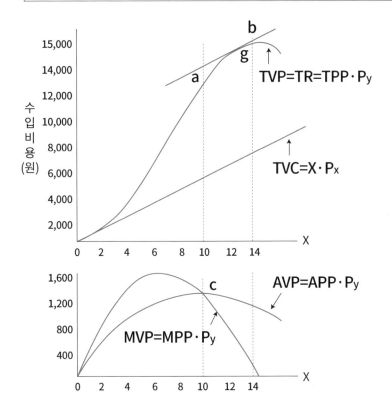

02 비용함수

비용은 농산물을 생산하기 위해 소요된 모든 경비를 말한다. 단기적 경제분석에서는 비용을 유동비용과 고정비용으로 구분한다. 그러나 장기분석에서는 모든 비용을 유동비용으로 간주한다. 유동비용에는 비료비, 농약비, 노임비 등이 포함되며, 고정비용에는 농기계의 감가상각비, 토지용역비, 재산세, 투자자본에 대한 이자 등이 포함된다.

2.1 비용함수의 형태

비용함수는 생산량의 수준에 따른 비용변화의 상관관계이며 일반적인 형태는 $C = F(Y)$이다. 여기서 Y = 생산량, C = 비용을 의미한다.

총비용(Total Cost; TC)은 생산물 1개 생산에 소요되는 전체 비용으로 총비용＝총고정비(TFC) + 총유동비(TVC)이다.

평균총비용(average total cost; ATC 또는 AC)은 총비용(TC)을 산출량(Y)으로 나눈 것, 생산물 1개당 평균총비용 $AC = ATC = AFC + AVC$이며 $AC = \dfrac{TC}{Y}$이다.

평균고정비용(average fixed cost; AFC)은 생산물 1개당 고정비용으로 총고정비용을 산출량으로 나눈 비용 $AFC = \dfrac{TFC}{Y}$이다.

평균유동비용(average variable cost; AVC)은 생산물 1개당 가변비용으로 총가변비용을 산출량으로 나눈 비용 $AVC = \dfrac{TVC}{Y}$이다.

한계비용(marginal cost; MC)은 생산물을 한 단위 더 생산할 때 추가로 들어가는 총비용의 추가분이다. 이는 총비용의 추가분(ΔTC)을 산출량의 추가분(ΔY)으로 나눈 값 $MC = \dfrac{\Delta TC}{\Delta Y} = \dfrac{\Delta TVC}{\Delta Y}$이다. 그러나 총비용 중 산출량의 증감에 따라 변화하는 것은 총가변비용(TVC)이기 때문에 한계비용에 영향을 끼치는 것은 총가변비용이다.

2.2 생산함수와 비용함수의 관계

비용함수는 생산함수에서 도출되기 때문에 비용함수와 생산함수는 밀접한 관계에 있다.

- 생산함수를 $TPP = Y = aX + bX^2 - cX^3$라 하면
- $APP = Y/X = a + bX - cX^2$
- $MPP = dY/dX = a + 2bX - 3cX^2$
- $AVC = Px/APP = Px/(a + bx - cX^2)$
- $MC = Px/MPP = Px/(a + 2bx - 3cX^2)$가 된다.

산출량과 비용과의 관계를 수식에서 살펴보면 $AVC = TVC/Y$, 그러나 $TVC = Px \cdot X$

그림 7-8 | 총비용, 고정비용, 유동비용, 한계비용의 관계

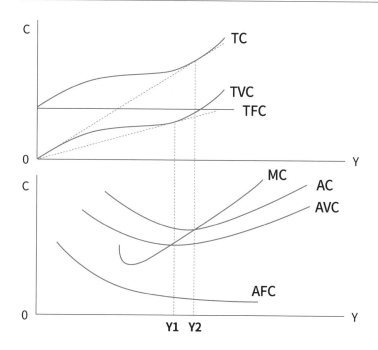

이므로 $AVC = P_X(X/Y)$이다. 따라서 $AVC = P_X(X/Y) = P_X/APP$이다. 여기서 APP가 증가하면 AVC는 감소하고 APP가 감소하면 AVC는 증가하며, APP가 최고일 때 AVC가 최하임을 알 수 있다.

한계생산과 한계비용도 다음과 같은 관계가 있다.

$$MC = Px/MPP$$

2.3 비용함수에서 적정생산수준의 결정

이윤을 극대화하는 적정생산수준은 한계수익이 한계비용과 같을 때(즉, $MR = MC$) 이루어진다. 한계수익이란 생산물을 한 단위를 더 판매함으로써 얻는 추가수입이고 한계비용은 생산물을 추가적으로 한단위 더 생산할 때 추가되는 비용이다. 그런데 완전경쟁시장에 있어서는 평균수익 = 한계수익 = 생산물가격의 관계에 있다. 따라서 이윤극대화의 조건은 $P_Y = MC$가 성립된다.

AVC(평균가변비용)의 최하점에서 $AVC = MC$가 되고 MC가 정의 기울기를 가질 때 $MC = P_Y$가 되는 점에서 아래로 직선을 내리면 이윤을 극대화하는 산출량을 구할 수 있다.

가격이 P_1일 경우에는 $MR = MC$인 Q_1이 최적생산수준이며, $MR = AC$와 같이 이윤은 0이 된다. 가격이 P_2일 경우에는 $MR = MC$인 Q_2가 최적생산수준이며, $MR > AC$ 때문에 이윤이 발생한다. 가격이 P_3일 경우에는 $MR = MC$인 Q_3가 최적생산수준이며, $MR < AC$ 때문에 손실이 발생한다. 그러나 P_3은 이익이 발생하지 않지만, 평균고정비용보다는 높은 이익을 얻기 때문에 단기적으로는 생산을 지속하는 것이 농가에 유리하다.

| 그림 7-9 | 비용함수와 적정생산수준 |

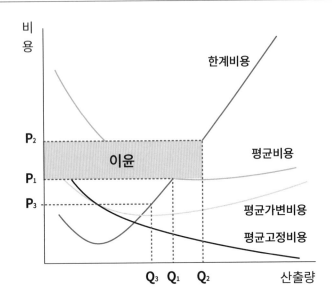

03 생산요소의 합리적인 결합

　본 장에서는 두 생산요소 X_1과 X_2를 투입하여 한 생산물 Y를 생산할 때의 두 생산요소 사이의 여러 가지 결합형태와 일정량의 Y를 최소비용으로 생산하는 X_1과 X_2의 적정결합문제를 다룬다.

3.1 용어의 개념 정의

　등생산곡선은 두 생산요소 X_1과 X_2를 투입하여 한 생산물 Y를 생산할 때 생산함수는 $Y = f(X_1,\ X_2)$로 정의된다. 이때 일정량의 Y를 생산할 수 있는 X_1과 X_2의 가능한 모든 결합점들을 연결한 궤적(locus)을 등생산곡선이라 한다.

그림 7-10　등생산곡선

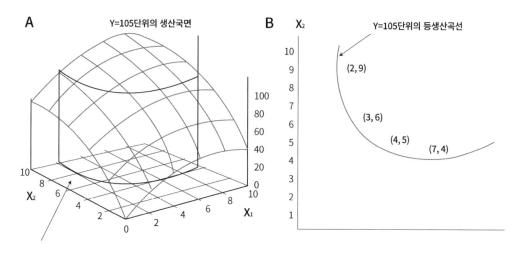

　한계대체율은 등생산곡선상의 한 점에 접선을 그었을 때 그의 기울기를 말하며 이는 2개 투입요소 X_1과 X_2의 대체비율을 말한다. 두 요소의 증분을 ΔX_1과 ΔX_2로 나타낼 때 접점상의 기울기에 부의 부호를 붙여 한계대체율 또는 기술적 대체율이라고 하며 다음과 같이 표시한다. $MRS = RTS = -\Delta X_2/\Delta X_1$이다.

그림 7-11   등생산곡선에서의 한계대체율

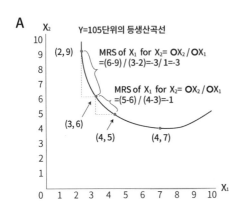

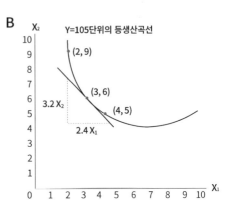

3.2   등비용곡선

    등비용곡선은 비용이 같은 두 요소의 모든 결합점을 연결한 선이다. 등비용곡선상의 각 점은 동일한 비용으로 구입할 수 있는 자원의 결합을 나타낸다. 따라서 등비용곡선은 직선이며, 원점으로부터 멀어질수록 많은 비용을 필요하다는 것을 나타낸다.

그림 7-12   등비용선

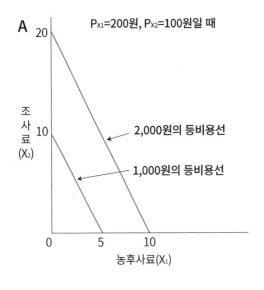

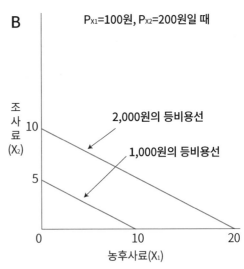

3.3 생산요소의 적정결합

체감대체율의 경우에 있어서 비용을 최소화하는 두 자원 X_1과 X_2의 결합조건, 이 조건은 한계대체율(부의 부호를 무시함) $\Delta X_2 / \Delta X_1$과 두 자원의 가격의 역비 P_{X1}/P_{X2}가 일정할 때이다.

이를 식으로 나타내면 $-\Delta X_2 / \Delta X_1 = P_{X1}/P_{X2}$가 성립될 때이며 도표상에서는 등비용곡선(직선)이 등생산곡선에 접하는 A점이 된다. A점은 등생산곡선과 등비용선이 접하는 지점으로 $X1 = 2.8$, $X2 = 6.2$단위를 투입하여 105단위의 생산량을 생산하는 지점이다. 이에 비해 B점은 A점보다는 비용이 적게 투입되지만 105단위의 생산량을 생산할 수 없으며, C점은 105단위의 생산량은 생산할 수 있지만 A점보다 비용이 많이 투입되는 지점이다.

| 그림 7-13 | 자원의 적정투입수준 |

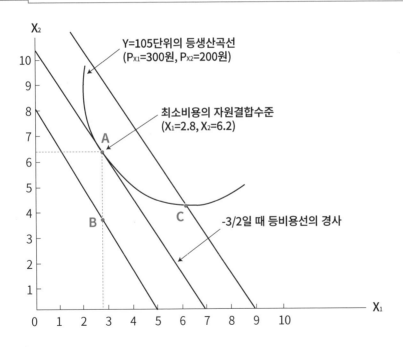

04 생산물 선택의 합리화

4.1 생산가능곡선

생산가능곡선이란 일정한 자원을 가지고 두 가지 종류의 생산물 또는 그 이상을 생산할 때 각 생산물들의 가능한 생산량 조합을 말한다. 이를 그림으로 표시했을 때 생산가능곡선라고 한다. 생산가능곡선은 한계대체율만큼 원점에 대해 오목한 형태이며 생산량이 많을수록 원점에서 멀어지고 생산량이 적을수록 원점에 가까워진다.

생산가능곡선은 생산물의 결합형태에 따라 결합생산물, 경합생산물, 보완생산물, 보합생산물의 4가지로 구분된다.

그림 7-14 | 생산함수와 생산가능곡선

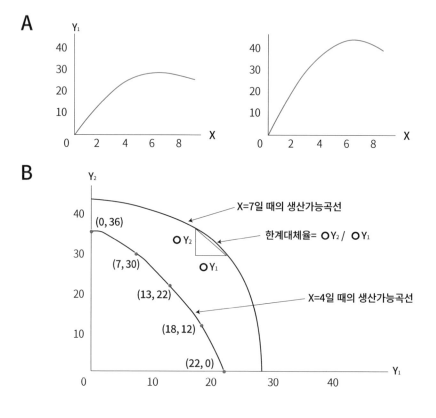

4.2 생산물의 각종 결합형태

결합생산물은 한 가지 생산물을 생산할 때 다른 생산물의 생산이 일정비율로 생산되는 경우를 말한다. 이때 두 생산물 간에 대체관계는 발생하지 않기 때문에 어떤 비율의 결합이 가장 경제적인가에 대한 의사결정의 여지가 없다. 대표적인 사례로는 쌀과 볏짚, 소고기와 소가죽, 양고기와 양털 등의 관계가 대표적인 사례이다.

경합생산물은 일정한 자원 사용량에 의하여 한 생산물 Y_1의 생산량 증가는 다른 생산물 Y_2의 생산량의 감소를 필연적으로 수반할 때를 말한다. 이때 Y_1의 생산을 증가시킴에 따라 Y_2는 체증적으로 감소한다. 이는 Y_1 생산을 점증시킴에 따라 Y_2의 체증적인 감소를 요구해 대체가 어려워짐을 말한다. 다시 말하면, Y_1을 점점 증가시킴에 따라

| 그림 7-15 | 결합생산물의 생산가능곡선 |

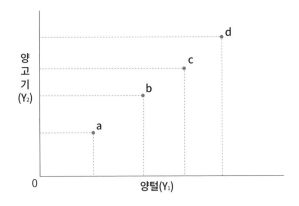

| 그림 7-16 | 경합생산물의 생산가능곡선 |

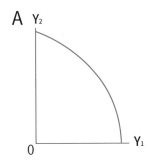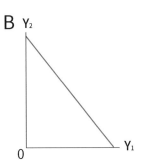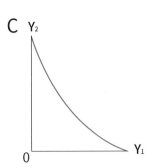

생산물의 한계대체율($\Delta Y_2 / \Delta Y_1$)이 증가함을 말한다. 대부분의 농작물 생산은 경합생산물이며 일정면적에 여러 작목을 재배할 경우 경합생산물에 포함된다.

보완생산물은 자원의 일부를 한 생산물 생산에서 다른 생산물 생산으로 옮겼을 때 그 생산물의 생산증가가 오히려 다른 생산물의 생산증가를 수반할 때를 말한다. 대표적인 사례는 벼농사와 축산에서 벼농사의 부산물인 쌀겨와 볏짚을 축산에서 이용하고 축

그림 7-17 보완생산물의 생산가능곡선

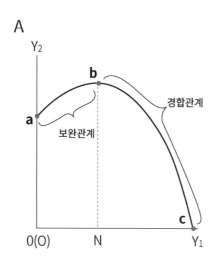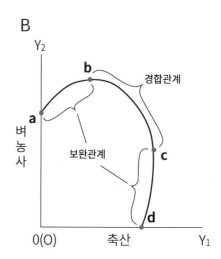

그림 7-18 보합생산물의 생산가능곡선

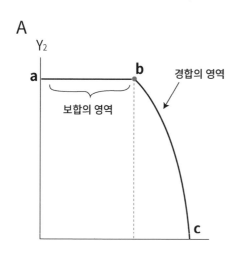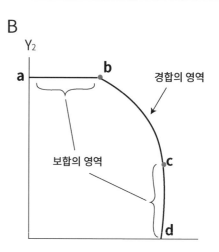

산에서 발생하는 퇴비를 벼농사에서 활용하는 경우가 대표적이다.

보합생산물은 다른 생산물의 생산증가나 감소 없이 한 생산물의 생산량을 증가시킬 수 있을 때 두 생산물을 보합관계에 있다고 한다. 농업에서 보합관계는 농작물 생산의 계절성으로 인한 자원이용의 계절성에서 찾아볼 수 있다. 트랙터를 농업자재 등의 운반용으로 쓰더라도 어느 한도까지는 농작물 생산에 지장을 주지 않을 것이다. 이 범위를 보합관계라고 한다. 그러나 이를 농번기까지 계속 운반수단으로 이용하면 농작물 생산을 감소시켜서 농작물과 운반수입은 경합관계에 있게 된다.

4.3 최적 생산물결합

일정한 자원으로 두 생산물을 생산해서 총수익($= P_{Y1} \cdot Y_1 + P_{Y2} \cdot Y_2$)를 최대화하는 최적생산물 결합은 생산물의 결합조건에 따라 다르다.

생산물이 결합생산물인 경우에는 두 생산물의 결합비율을 결정할 필요가 없지만, 경합생산물인 경우에는 결합비율을 결정해야 한다. 경합생산물은 두 생산물의 적정결합 즉, 주어진 자원으로 총수입($TR = P_{Y1} \cdot Y_1 + P_{Y2} \cdot Y_2$)를 극대화하기 위한 의사결정대상의 대체율을 결정해야 한다. 경합생산물이라 하더라도 생산가능곡선상의 모든 점에서 대체율이 일정하든가 원점에 대하여 볼록일 때는 두 생산물의 가격조건에 따라 한 생산물만 생산하게 된다. 두 생산물이 보완 또는 보합관계에 있을 때는 이 관계가 지속되는 범위까지 두 생산물을 증가시키고, 경합관계에 들어간 범위에서 두 생산물의 적정결합을 결정해야 한다.

적정결합조건은 총수익 = 두 생산물의 생산액의 합계이다. 즉, $TR = P_{Y1} \cdot Y_1 + P_{Y2} \cdot Y_2$이다. 여기서 다음 식들을 얻을 수 있다.

$$Y1 = \frac{TR}{PY1} - \frac{PY_2}{PY1} \cdot Y_2$$

또는

$$Y2 = \frac{TR}{PY_2} - \frac{PY_1}{PY_2} \cdot Y_1$$

TR/P_{y1}은 Y_1의 절편, TR/P_{y2}는 Y_2의 절편이다. 그리고 P_{y1}/P_{y2}는 등수익선의 기울기를 나타낸다.

생산가능곡선이 원점에 대하여 오목(concave)을 이룰 때 총수익을 최대화하는 두 생산물의 결합점은 등수익선이 생산가능선에 접하는 접점이다.

그림 7-19 수익최대화를 위한 생산물의 결합

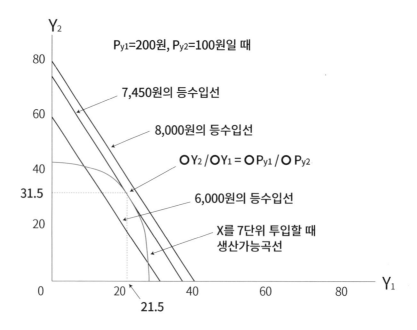

05 선형계획법

선형계획법(Linear Programming Method)은 수학적으로는 1차부등식의 제약조건하에서 1차식으로 표현된 목적함수를 최대화 또는 최소화하도록 비음의 변수값을 결정하는 방법이다. 최대화 모형을 수식으로 나타내면 다음과 같다.

$$\text{목적함수: } Z = \sum_{j=1}^{n} C_j X_j \qquad \rightarrow \quad \text{최대화}$$

$$\text{제약조건: } \sum_{j=1}^{n} a_{ij} X_j \leq b_i \quad (i = 1,\, 2,\, \cdots,\, m),$$

$$X_j \geq 0 \quad (j = 1,\, 2,\, \cdots,\, n)$$

상기 식을 농업경영활동 측면에서 살펴보면, C_j는 경영부문 j의 단위당 수익에서 자재투입액을 공제한 금액(이익계수), X_j는 경영부문 j의 당해계획의 가동수준, Z는 당해 계획의 총이익 (비례이익), a_{ij}는 경영부문 j의 제약자원 i에 대한 단위당 생산요소투입량 (기술계수), b_i는 자원제약 i의 조달가능량(제약량)이 된다.

다시 말하면, 토지, 노동량, 자본 등 일정한 자원제약량 하에서 대체 부문(작목이나 기술 등의 활동방식. 프로세스라 함)을 조합하여, 총이익을 최대화 또는 총비용을 최소화하기 위한 프로세스간의 최적가동수준을 도출하는 방법이다.

구체적인 해법은 경영계획문제의 선택 가능한 프로세스와 자원제약을 설정하고 기술계수, 이익계수 및 제약자원 조달 가능량을 확정한 후 선형계획모형(연립 1차식)을 작성한다. 이를 연산의 초기해로 설정하는 단체표(소정의 표형식)에 정리하고 컴퓨터에 의해 심플렉스법(단체법)으로 단체표의 최적해를 구한다.

선형계획법은 다음과 같이 다양한 영역에서 적용할 수 있다. 첫째, 이익최대화를 실현하는 개별경영조직의 결정 문제, 둘째, 비료선택이나 구입사료 배합 등의 비용최소화 계획 문제, 셋째, 작목구성이나 고용노동의 유무, 또는 신기술도입 등에 따라 경영조직이 변하는 경우의 상대적 유리성 검토 문제 등에 선형계획법을 활용할 수 있다.

선형계획모형을 작성하기 위해서는 도입한 프로세스가 1단위 (예를 들면 10a) 가동하는 데 필요한 투입량이나 노동량(기술계수), 1단위를 가동함으로써 얻어지는 산출액(이익계수), 더욱이 조달 가능한 토지면적, 노동량, 자본량(제약자원 조달 가능량) 등의 자료가 필요하다. 이런 자료는 농업부기, 농작업일지, 메모류 등의 경영기록에서 구해지지만 얻을 수 없는 경우는 기술수준이 동일한 사례 또는 농업시험장 등에서 정리되어 있는 작목별 기술체계나 시험연구자료 등을 참고로 설정한다.

일반적인 선형계획법은 투입−산출관계를 1차식으로 표현함으로써, ① 경영부문 계획상의 채택량에 비례되는 총이익은 직선적으로 증대한다. 다시 말해 수확체감의 법칙이 작용하지 않는다(가법성), ② 경영부문 또는 생산요소는 연속적이며 정수치가 아니어도 좋다(가분성), ③ 계획에 채택되는 프로세스는 상호 독립적으로, 보완·보합관계가 없다(독립성), ④ 기술계수, 가격 등이 하나의 가격인 확정치이다(단일성) 등 방법상의 전제조건이 설정되어있다. 이러한 가정에서 발생되는 문제를 해결하기 위해서는 계획문제의 재정리나 모형확장, 또는 선형계획법을 수학적으로 발전시킨 여러 방법(비선형계획법, 정수계획법 등)을 적용할 필요가 있다.

 예제

다음은 60a의 밭을 소유하고 있는 한국농장의 사례를 바탕으로 선형계획 문제를 설명한다.

• 한국농장에서는 밭 60a에서 오이와 토마토를 재배하고 있다. 수익은 10a당 오이가 8만 원, 토마토가 10만 원을 올릴 수 있다고 가정하자. 제약조건으로는 6월과 7월에 노동시간이 많이 소요되며 오이는 10a당 6월에 12시간, 7월에 12.5시간이 필요하고 토마토는 10a당 6월에 6시간, 7월에 20시간이 필요하다고 가정하자. 단 농장에서 확보할 수 있는 노동시간은 6월에 60시간, 7월에 100시간이 최대로 확보할 수 있는 시간이다. 한국농장에서 오이와 토마토를 재배하면 수익이 최대화할 수 있는 작물결합 방법은 무엇일까?

이상의 예제는 오이와 토마토를 재배하여 수익을 최대화하는 선형계획문제로서 이를 선형계획법으로 체계화하면 다음과 같이 수식화할 수 있다.

$$\text{maximize } Z = 8Y_1 + 10Y_2$$

토지 제약: $Y_1 + Y_2 \leqq 6$

6월노동제약: $12Y_1 + 6Y_2 \leqq 60$

7월노동제약: $12.5Y_1 + 20Y_2 \leqq 100$

$$Y_1 \geqq 0, \quad Y_2 \geqq 0$$

상기 선형계획법 문제를 심플렉스법으로 풀면 다음 그림과 같이 설명할 수 있다.

그림 7-20 | 선형계획법에 의한 수익최대화

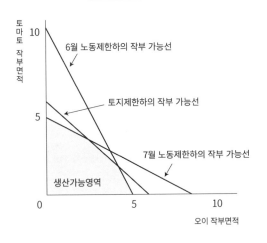

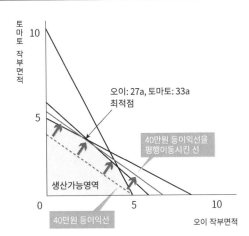

한국농장이 경우 오이(Y_1)와 토마토(Y_2)를 재배하여 가장 높은 수익을 얻을 수 있는 생산량은 등이익선과 최대생산가능영역이 만나는 지점이 최적점이 되며, 이때의 최적점은 7월 노동제약하의 작부가능성과 토지제약하의 작부가능성이 만나는 지점이기도 하다.

한국농장은 최적점에서의 토마토와 오이 재배면적은 오이 27a, 토마토 33a이며 각각의 재배면적을 목적함수에 대입하면 한국농장의 수익은 54.6만 원 = ((2.7 × 8만 원) + (3.3 × 10만 원))이 된다.

06 농장예산법

농장예산법은 일종의 농업경영의 계획기법 가운데 하나이다. 이는 농장경영계획을 수립할 때 수입과 지출을 예측하고 소득 또는 순이익의 추정을 목적으로 한다. 농장예산법은 크게 부분예산법, 순예산법 및 현금수지예산법으로 대별할 수 있다.

부분예산법은 현존하는 경영관행에 부분적인 변경을 가했을 때 야기되는 수입과 비용의 발생결과를 고찰·비교하여 새로운 경영형태의 도입여부를 결정하는 데 필요한 자료를 제공하는 데 있다. 부분적인 변경은 생산 또는 경영규모의 확대, 생산물대체 및 요소대체를 들 수 있다. 경영규모의 확대는 1.5ha의 벼농사를 경작하는 수도작농가가 1.0ha의 타인 농토를 구입 또는 임차하여 2.5ha로 벼농사 면적을 넓히는 경우를 생각할 수 있다. 그리고 50두의 비육우 농가가 80두로 사육두수를 늘리는 사례를 들 수 있다. 생산물대체로서는 마늘재배농가가 고추재배로 바꾸는 경우를 생각할 수 있다. 생산요소의 대체는 노동에 의한 벼이앙의 관행적 방법을 이앙기를 이용하는 기계화로 바꾸는 경우를 들 수 있다.

　　부분예산법은 경영활동에 부분적 변경을 가했을 때의 손실액과 이익액을 비교하여 후자가 전자보다 많으면 변경이 유익하고 그 반대면 불리하다는 판정을 내린다.

표 7-2	부분예산법 모형(생산물대체법)		
借邊(손실항목)		**貸邊(이익항목)**	
a. 현존수입의 감소액	₩_____	c. 새로운 추가수입	₩_____
b. 새로운 추가비용	₩_____	d. 현존비용의 절감액	₩_____
소계 A	₩_____	소계 B	₩_____
		추정 손익액(B−A)	₩_____

　　다음 사례는 작물대체와 관련한 사례이다.

　　한국농장은 10a의 밭에 쌀보리를 재배하고 있다. 현재 쌀보리 생산에 따른 손익은 보리판매수익 108,500원과 부산물수익 6,800원에서 쌀보리의 생산에 필요한 경영비 55,000원을 제한 60,300의 소득을 얻고 있는 것으로 조사되었다.

　　그러나 봄감자를 생산하면 봄감자 판매수익으로 253,300원의 수익을 얻을 수 있고 부산물수익도 900원 발생하는 것으로 조사되었다. 따라서 봄감자 생산에 필요한 경영비 98,000원을 제한 소득이 156,200으로 조사되어 쌀보리와 비교할 때 경영비가 많이 들더라도 수익이 증가하여 소득이 쌀보리보다 높은 것으로 파악하고 있다. 사례에서는 부분예산법을 이용하여 쌀보리를 봄감자로 대체할 경우의 추정손익액을 구하는 문제를 부분예산법을 적용하면 다음과 같다.

　　부분예산법의 차변에는 작물대체로 인해 발생하는 손실금액을 기입한다. 본 사례에서는 새로운 추가적 비용(봄감자 경영비)과 현존수익(보리재배 수익과 보리 부산물 수익)의 감소금액의 합계를 말한다. 대변에는 작물대체로 인해 발생하는 이익금액을 기입한다. 수익액은 새로운 수익(봄감자 수익과 봄감자 부산물 수익)의 발생액과 현존비용액(쌀보리 경영비)의 감소액의 합계가 대변에 기입된다.

그림 7-21 부분예산법 계측결과

손실항목		이익항목	
현존수익 감소액		새로운 추가수익	
보리수익 감소액	108,500	감자수익	253,300
부산물수익 감소액	6,800	감자부산물수익	900
새로운 추가비용		현존비용 절감액	
봄감자경영비	98,000	쌀보리 경영비	55,000
소계	213,300	소계	309,200
		추정손익액	95,900

이 모형에서 이익 항목인 대변의 합계 B(309,200원)에서 손실 항목인 차변의 합계 A(213,300원)를 공제한 잔액(95,900원)이 正(+)이면 다시 말하면 (B−A) > 0면 대체하는 것이 유리하고, 반대로 잔액이 負(−)이면 (B−A) < 0이면 대체하는 것이 불리하다는 판정을 내리게 된다. 이번 예제에서는 추정손식액 (B−A)이 95,900원으로 正(+)으로 산출되어 작물 대체가 유리한 것으로 판단된다.

Chapter 8

농산물판매분석

농산물판매분석

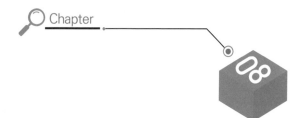

우수한 농산물은 생산하면 무조건 팔리는 시대는 지났다. 우수한 농산물을 생산하는 것도 중요하지만 생산된 농산물을 잘 판매하는 것도 중요하다. 농산물의 판매부문을 이해하기 위해서는 농산물 수급상황, 농산물 유통의 특징, 농산물의 판매방법 등을 먼저 이해해야 한다.

01 농산물 수급분석

농산물 가격은 등락을 반복한다. 농산물 가격이 폭등하면 도시 소비자들이 비싸다고 하고, 반대로 농산물 가격이 폭락하면 농민들이 자재비도 건지지 못한다고 대책을 요구한다.

이런 일이 왜 계속 반복되는 것일까? 이는 농산물 특성상 수요곡선이 비탄력적이고 계절적인 요인이 커서 공급도 시차를 두고 비탄력적으로 생산되기 때문이다. 쌀값이 내린다고 해서 한 끼에 밥을 두 그릇을 먹을 수 없으며, 반대로 쌀값이 비싸다고 해도 밥을 먹지 않고 살 수는 없다. 물론 대체재인 면류나 밀가루로 생산한 스파게티, 빵 등으로 소비가 어느 정도 이동하겠지만, 농산물은 공산품에 비해 훨씬 비탄력적인 상품이다. 공급적인 측면에서도 가격이 오른다고 해서 즉시 생산량을 늘릴 수가 없다. 파종을 하고 수확하는 데는 시간이 소요된다. 이러한 특성들 때문에 농산물은 공급이 조금만 넘치거나 조금만 모자라도 가격이 큰 폭으로 등락을 거듭한다.

더욱이 농산물 공급은 생산자인 농민들 의지만으로 생산량이 증가하지도 않는다. 기상이라는 변수가 작황을 좌우하기 때문이다. 최근 빈번하게 발생하는 집중호우나 가뭄, 서리 등의 이상 기후에 의해 특정 농작물이 피해를 입으면 공급량 부족으로 가격이 폭등하게 된다.

따라서 이러한 농산물 가격변화에 대응하기 위해서는 국내 농산물의 생산과 소비 시장을 농업경영인도 제대로 파악하고 있어야 한다. 우리나라의 쌀 소비량은 얼마인지 수입량이 얼마인지 그리고 시군별 품종별 재배면적과 작황을 수시로 체크하여 몇 월에 어떤 시군에서 어떤 품종의 쌀이 어느 정도의 생산량이 생산되는지를 파악하고 있어야 한다. 이러한 품목별 생산과 소비 분석에 따른 가격전망을 예측할 수 있는 농업경영인의 개인적인 능력이 필요하다.

농산물 가격은 기본적으로 수요와 공급에 의해 결정된다. 어떤 작물들은 국내에서 생산된 공급량과 국내 수요량이 가격을 결정하는 경우도 있지만, 작물에 따라서는 국내의 수요 공급뿐만 아니라 수출입량도 작물의 가격결정에 영향을 미친다. 또한 저장이 가능한 품목은 저장량도 가격 결정에 큰 영향을 미친다. 따라서 수요량과 공급량을 언급할 때 국내 생산량 및 수요량과 수출입량 그리고 저장량을 동시에 검토하여야 한다.

국내공급량 = (금년도 생산량 + 전년도 저장량 + 수입량)
              - (수출량 + 내년도 이월량)

식량작물 가운데 쌀, 보리작목과 과일류의 사과, 배, 감 그리고 채소류의 마늘, 양파 등의 작목들은 1년에 한 번 수확하여 이듬해 수확기까지 저장출하가 이루어지는 작목이며 이들 작목들은 생산량과 수출입량 그리고 저장량이 수급안정에 매우 중요한 역할을 한다.

그러나 대부분의 엽근채소류는 봄, 여름, 가을, 겨울 작형으로 구분되어 해당 시기마다 주산지가 이동하는 특징을 지니고 있다. 엽근채소류는 이상기후나 기상조건 등의 외부요인에 따라 수급이나 가격변화가 빈번하게 발생하는 작목들로 작황이나 출하량 변동이 큰 작목들이다. 따라서 이들 작목들은 과잉이나 부족현상으로 인한 가격 불안정이 매우 큰 작목들이다. 또한 이러한 작목들은 신선도를 유지하기 어려워 저장이 어렵고 수출입도 거의 불가능한 작목들이기 때문에 원물인 배추보다는 가공품인 김치 등의 형태로 수출입이 이루어진다.

1.1 생산동향

생산동향을 분석하기 위해서는 연간 생산량뿐만 아니라 시기별 생산량을 파악할 필요가 있다. 그런데 시기별 생산량은 생산품종과 생산지역에 따라 달라지기 때문에 실제 생산동향을 파악하기 위해서는 연간 생산량과 품종별 생산량과 지역별 생산량으로 나누어 파악하여 생산량을 파악하는 것이 기본이 된다.

여기서는 채소작물을 사례로 작기에 따라 생산동향이 달라지는 대표작물인 배추품목에 대한 생산동향을 분석해 본다.

1.2 배추 수급 분석

1.2.1. 재배면적 및 생산량 동향

배추 재배면적은 산업화가 가속화되던 1970년대 중반 이후 감소 추세를 보이고 있다. 2000년 5만 2천ha에서 연평균 3%씩 감소하여 2018년 약 3만ha까지 감소하고 있다. 이는 핵가족화, 아파트 거주 인구 증가 등 생활 패턴 변화에 따른 김장수요 감소가 원인으로 작용하고 있다.

그림 8-1 배추 재배면적과 생산량 동향

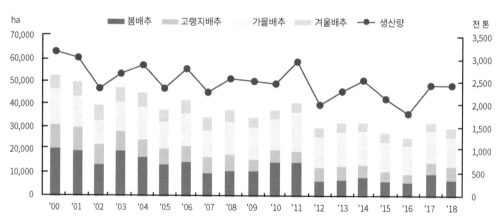

자료: 한국농촌경제연구원. 농업전망 2019.

작형별로는 봄배추 재배면적이 4%, 고랭지배추는 4%, 가을배추와 겨울배추는 1% 감소하는 추세이다.

표 8-1	배추 작형별 재배면적 동향				(단위: ha)
	2000	**2005**	**2010**	**2015**	**2020**
봄작형	20,405	15,516	15,032	6,156	7,816
고랭지작형	10,206	6,502	4,929	4,721	5,056
가을작형	16,413	11,001	13,540	12,724	13,854
겨울작형	4,777	4,184	4,475	1,436	4,217
계	51,801	37,203	37,976	27,174	30,943

자료: 한국농촌경제연구원. 농업전망 2022.

지역별로는 전남지역이 재배면적 비중이 가장 높았으며 다음으로 강원과 경북의 순으로 조사되었다. 전남지역은 가을 및 겨울배추의 주산지이며 강원지역은 고랭지 배추의 주산지이다. 특히, 대부분 지역에서 배추 재배면적이 감소하는 것과는 반대로 전남지역은 오히려 재배면적이 증가하고 있다. 이는 해남지역을 중심으로 김장철 절임배추 생산을 위한 재배면적이 일정 수준 유지되기 때문이다.

그림 8-2	배추 재배면적의 지역별 비중 변화

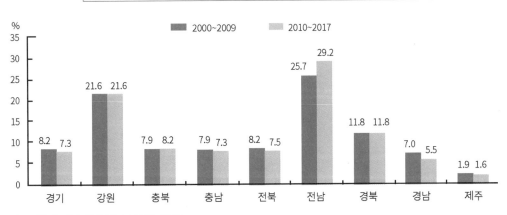

자료: 한국농촌경제연구원. 농업전망 2019.

1.2.2. 배추 정식시기 및 출하시기

배추는 파종 후 육묘시기를 거쳐 정식한다. 대규모 재배농가는 자가육모의 방법을 통하지만 신규 농가나 소규모 농가는 육묘장을 통해 육묘가 이루어진다.

봄작형은 동일한 작형도 지역에 따라 1~2주 가량 차이가 정식시기에 차이가 있다. 고랭지작형은 해발 400~600m까지의 준고랭지와 600m 이상의 완전고랭지로 구분되어 차이가 있으며, 완전고랭지는 5~7월에 정식이 이루어진다. 가을작형은 8~9월, 월동작형은 9월 상순~하순까지 정식이 이루어진다.

표 8-2 　배추 작형별 주요 정식시기 및 재배지역

구분		정식		주산지
봄	시설	1월상~2월하	호남, 경기, 충청	나주, 광주, 고창, 예산, 서산, 평택
	터널	2월상~3월하	경기, 영남, 충남	김포, 평택, 김해, 밀양, 하동, 아산
	노지	3월상~4월하	전국적	나주, 영암, 고창, 아산, 평택, 연천, 영월
고랭지	준고랭지	4월중~5월하	강원, 경남, 호남	영월, 횡성, 대화, 방림, 무주, 거창
	고랭지	5월상~7월하	강원	대관령, 암반덕, 왕산, 태백(매봉산), 귀내미, 삼척(하장), 정선
	준고랭지 2기작	7월중~8월중	강원	영월, 횡성, 대화, 방림, 무주, 거창
가을		8월~9월	봄작형과 유사	고창, 나주, 홍성, 당진, 영암 ,무안, 강릉, 아산
월동	노지	9월중~9월하	호남, 제주	해남, 진도, 무안, 제주(조천), 성산

하우스 봄배추 출하는 4월 상순경에 호남지역에서부터 충청, 경기 지역으로 확산되며 월동배추 저장물량 출하와 겹쳐서 출하가 이루어진다. 노지(터널 포함) 봄배추도 5월 중순부터 호남지역부터 충청, 경기 지역으로 출하가 확산되며 일반적으로 7월 중순까지 출하가 이루어진다.

준고랭지 배추는 6월 중순~7월 중순 출하가 이루어지며, 노지 봄배추와 겹쳐서 출하가 이루어진다. 고랭지 배추는 7월 상순~10월 초순까지 이루어지나, 본격적인 출하기는 8~9월이다. 이후에는 다시 준고랭지 배추가 출하되는데 9월 중순~10월 말까지 이루어진다.

가을배추는 10월 중순과 하순부터 이루어지며 12월 중순까지 출하된다. 월동배추

는 12월 중순 이후 출하되며 생육기 기온이 급격히 하락하기 때문에 11월 중순경 포기를 묶어서 월동하는 작형이다. 2월 중순경 저장작업이 이루어지며 3월 10일경에 노지 출하가 마무리 단계에 들어간다. 3월 20일경에 저온 저장된 배추 출하가 시작되며 4월 말까지 출하가 이루어지고 늦을 경우 5월 초순까지도 이루어진다.

표 8-3 배추 작형별 주요 출하시기

	1월	2월	3월	4월	5월	6월	7월	8월	9월	10월	11월	12월
봄하우스				■	■							
봄노지					■		■					
준고랭지						■			■	■		
고랭지							■	■				
가을										■	■	■
월동	■	■	■	■								■

1.2.3. 출하방법

배추 출하는 대부분 포전거래를 통해서 이루어지고 농협 등과 맺는 계약거래는 10~20% 내외에 불과하다. 고랭지배추는 20~30% 내외를 차지한다. 재배농가들은 소규모 농가가 대부분이어서 자가 출하는 인력과 작업비 문제 등으로 인해 거의 불가능한 상황이다. 따라서 산지에서는 포전거래를 대체하는 출하방법이 많지 않은 실정이다.

포전매매는 종자까지 구해주고 재배를 농가에 위탁하는 형태에서부터 출하완료 단계에서 이루어지는 방법 등 여러 가지 형태가 존재한다. 재배초기 단계에서 이루어지는 계약재배는 농가소득 안정에 기여할 수 있으나 가격 하락이 클 경우 계약 파기 및 지연되는 현상이 다수 발생한다.

1.2.4. 배추 및 김치 수출입 현황

김치 수출은 2000년부터 증가 추세를 보이고 있다. 2020년 김치 수출은 11만 4천 톤이며 주요 수출 대상국은 일본이다.

김치 수입은 중국산이 대부분이며 수입량은 2000년대 초반까지 미미하였으나 2000년대 중반부터 급격히 증가하기 시작하여 수입이 수출을 초과하고 있다. 수입시기는

2000년대 중반까지는 8~10월에 수입이 많이 이루어졌으나 2000년대 후반부터는 연중 고르게 김치가 수입되고 있다. 2020년 수입량은 63만 9천 톤이다.

표 8-4	김치 수출입 동향				(단위: 천 톤)
	2000	**2005**	**2010**	**2015**	**2020**
수출(A)	54	77	69	70	114
수입(B)	12	257	448	507	638
계(A − B)	42	△180	△379	△437	△524

1.2.5. 국내 배추 공급 동향

배추의 국내 공급량은 신선배추 생산량뿐만 아니라 배추를 가공한 김치 수출입량을 신선배추로 환산하여 함께 고려하여야 한다. 2010년도 국내 공급량은 286만 톤이었으며 이 가운데 국내 생산량이 87%인 248만 톤이고 순수입량이 38만 톤이었다. 2018년도 국내 공급량은 296만 톤으로 2010년도보다 증가하였으나 국내 생산량은 81%인 239만 톤으로 2010년도 보다 9만 톤가량 감소하고 반대로 순수입량이 57만 톤으로 2010년보다 19만 톤가량 증가하였다.

표 8-5	배추 공급 동향		(단위: 천 톤)
	2010	**2015**	**2020**
총공급량(A = B + C)	2,856	2,571	2,767
국내생산량(B)	2,478	2,135	2,243
순수입량(C = D − E)	379	436	524
수입량(D)	448	507	638
수입량(E)	69	70	114

주 1: 수출입량은 김치를 배추로 환산하여 신선배추와 합한 수치
자료: 한국농촌경제연구원 농업전망 2022.

02 농산물 유통기능과 특성

농산물 유통의 기능은 크게 물건을 사고 파는 상적인 유통기능과 농산물을 수송과 저장, 가공하는 물적인 유통기능 및 시장정보의 제공, 위험부담, 선별 및 등급화, 표준화, 유통금융 등과 같이 보조하거나 촉진하는 기능으로 나누어진다.

농산물의 유통은 다음과 같은 특성을 갖는다. 첫째, 농산물을 다수의 소규모 생산자로부터 다수의 소량 소비자까지 연결시켜 주어야 하기 때문에 수집과 분산 과정이 길고 복잡하다. 둘째, 부패·변질이 쉬워 유동과정에서 감모나 폐기가 많이 발생되고 부피가 크고 무거워 수송·보관·하역 등 물류비용이 많이 소요된다. 셋째, 기후, 토양, 재배자의 기술에 따라 품질이 달라지기 때문에 표준화, 등급화, 기계화가 어렵다.

따라서 농산물은 유통과정상 직·간접비용이 많이 들어 공산품에 비해 유통마진이 상대적으로 높다. 농산물 소비는 연중 고르게 이루어지는 반면, 생산은 기상 등에 따라 변화가 심하여 수급안정이 어렵고 가격진폭이 심하다.

상품 유통에 필요한 유통비용은 그 상품이 생산자에서 소비자에게 이르는 과정에서 재화의 소유권을 이전시키고 그 실체적 배급기능을 가능하게 하는 모든 경제활동에 따르는 비용이라고 할 수 있다.

대부분 학자들의 공통된 정의는 유통비용이란 최초의 생산자수취가격과 최종의 소비자지불가격과의 차액을 말하며, 이 속에는 순수한 유통비용 또는 배급비용과 상업이윤을 포함시키고 있다. 평균적으로 농산물 유통비용은 약 45% 수준이지만, 연도별, 품목별로 차이가 있다.

표 8-6 유통비용의 구조 추이(2020년평균)

구분	소비자지불가격(100%)		
	농가수취 52.5%	유통비용 47.5%	
비용별		직·간접비 34.2%	이윤 13.3
		직접비 16.0 ｜ 간접비 18.2	
단계별		출하단계 8.5 ｜ 도매단계 10.8	소매단계 28.2

자료: 농수산식품유통공사. 2020 주요농산물 유통실태

표 8-7 | 주요부류별 유통비용

	2011	2014	2017	2020
식량작물류	26.7	30.4	34.8	34.2
엽근채류	69.6	68.3	54.7	59.5
과채류	41.5	40.9	40.6	42.8
조미채소류	48.0	56.3	50.6	61.4
과일류	50.4	51.8	48.9	44.8
축산부류	41.9	44.7	46.1	49.6
화훼류	56.3	54.0	55.9	53.3
전체평균	41.8	44.8	44.4	47.5

자료: 농수산식품유통공사. 2020 주요농산물 유통실태

유통마진은 유통체계상의 각각 상이한 수준에서의 가격간의 차이로서 생산자가격과 소비자가격 사이의 총금액차액을 말한다. 농산물의 유통마진은 농가판매가격과 최종 소비자 지불가격과의 차액으로서 총차액은 유통단계별로 상품단위당 가격차액으로 표시된다. 농산물의 유통단계를 수집·도매·소매단계로 구분하면 각 단계별로 유통마진이 구성되고, 각 단계별 마진은 유통업자의 구입가격과 판매가격과의 차액을 말한다.

유통단계별로 각 단계별 가격을 농가수취가격 P_F, 위탁상가격 P_A, 도매가격 P_W, 그리고 소비자가격 P_R이라 한다면, 각 단계별 유통마진은 다음과 같이 표시된다.

- 수집단계마진 $(M_A) = P_A - P_F$
- 도매단계마진 $(M_W) = P_W - P_A$
- 소매단계마진 $(M_R) = P_R - P_W$
- 총마진 $(M_r) = P_R - P_F = M_A + M_W + M_R$

농산물 유통의 3대 과제는 첫째, 높은 손실률과 복잡한 유통단계로 인한 유통구조의 비효율성 문제이다.

둘째, 농산물은 수요와 공급이 비탄력적이고 농산물 생산은 자연재해와 같은 기후 영향을 많이 받는다. 또한 저장성이 낮아 감모율도 높다. 이는 높은 가격 변동성이 존재하는 원인이 된다.

그림 8-3	배추 유통단계별 비용 및 가격

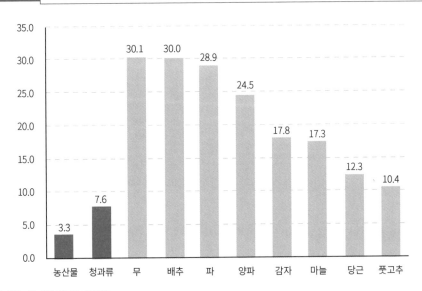

생산자 (농가수취가격) 292.4원	산지유통단계 (유통인수취가격) 868.0원	도매시장 법인 (경락가격) 933.3원	중도매인 (도매가격) 1163.3원	소매상 (소비자판매가격) 1400.0원	소비자
농가수취가격 292.4원 (20.9%)	수확상차비 56.2(4.0%) 포장선별비 91.5(6.5%) 운송비 71.5(5.1%) 감모 82.3(5.9%) 간접비 73.1(5.2%) 이윤 200.9(14.4%) ───── 계 575.5(41.1%)	상장수수료 65.3 (4.7%)	청소비 8.3(0.6%) 운송비 25.0(1.8%) 감모 23.3(1.7%) 간접비 84.4(6.0%) 이윤 89.0(6.4%) ───── 계 230.0(16.4%)	운송비 133.3(9.4%) 감모 40.7(2.9%) 간접비 및 이윤 62.7 (4.5%) ───── 계 236.7(16.8%)	소비자 가격 1400.0 (100%)

자료: KREI(2012). 농산물 유통구조개선 사업군 재정사업 심층평가

그림 8-4	품목별 물가상승률의 표준편차

35.0

30.1 30.0 28.9

24.5

17.8 17.3

12.3 10.4

7.6

3.3

농산물 청과류 무 배추 파 양파 감자 마늘 당근 풋고추

자료: 통계청. 국가통계포털 KOSIS

셋째, 산지가격과 소비지가격 사이의 가격 비연동성 존재한다. 산지가격 상승시에는 판매가격을 신축적으로 반영하지만 산지가격 하락시에는 판매가격에 대한 반영시기와 반영폭이 적다. 이는 유통경로가 제한적이며 다양한 직거래 시스템이 부족하기 때문에 발생하는 문제이다.

이처럼 농산물은 생산된 농산물이 농업인에서 최종 소비자에게 도달하기까지 농산물이 이동하는 경로 및 각 경로별 거쳐 가는 단계가 대단히 다양하다. 농산물이 농업인의 손을 떠나 보관·이동될 때마다 비용이 발생한다. 특히 농산물은 그 값에 비해 부피가 크기 때문에 물류비용이 대단히 높아 농산물 유통의 어려움을 극복하기 위한 지혜가 필요하다. 따라서 농산물 유통의 효율성을 높이기 위해서는 생산의 단지화, 생산품의 규격화와 물류비용 최소화를 달성할 수 있도록 시스템을 구축하여야 한다.

03 농산물 판매방법

농산물 판매 방법은 농장에서 상인(수집상 또는 반출상)에게 판매하는 방법과 위탁상 또는 농협 등의 단체에 판매를 위탁하는 방법, 가공공장이나 대량 수요자와 직접 거래하는 방법, 소비지에 직접 출하하여 도매시장에 상장하거나 직매장, 슈퍼마켓 등에 직접 공급하는 방법, 또는 실제로 소매단계까지 직접 나서서 판매하는 방법 등 다양한 판매방법이 있다.

농산물 판매방법별 장·단점을 살펴보면 다음과 같다.

첫째, 농장에서 상인에게 판매하는 방법은 유통이나 판매에 소요되는 비용이 가장 적은 이점이 있는 대신 가격 결정을 위한 협상에서는 유통업자에 비해 불리해지기 쉬운 단점이 있다.

둘째, 상인이나 농협 등 농민단체에 위탁 판매하는 방법은 생산자가 소요 비용 이외(판매가격에서 공제함) 일정한 위탁 수수료까지 부담해야 함에도 불구하고 판매가격에 불만이 있을 수 있다는 단점이 있다. 그러나 농가가 판매에 전혀 신경을 쓰지 않아도 되고 위탁상과의 오래된 인간관계 유지 및 출하 선도금 형태로 농업경영에 필요한 운전자금을 손쉽게 빌려 쓸 수 있다는 장점도 있다. 시장정보가 공개적으로 신속히 확산되고 위탁상 상호간이나 판매업체간의 경쟁이 치열해 질수록 이 방법을 선택하는 것이 유리하다.

셋째, 가공공장에 납품하거나 대량수요자와 직거래하는 방법은 생산시기 이전에 사전 계약에 의해 가격과 물량을 정하는 방법이 많이 채택된다. 이때에는 판매관리에 신경을 덜 써도 되고 안정적으로 판로가 확보된다는 이점이 있다. 대부분의 경우 수요자측이 물적 유통비용을 부담하는 것이 일반적이기 때문에 비용면에서도 유리하다. 그러나 판매시기 이전에 가격과 수량이 정해지기 때문에 판매할 때와 계약할 때의 시장조건에 큰 차이가 날 경우 분쟁이 발생하기 쉽다.

넷째, 생산자가 직접 소비지에 출하하는 방법은 생산자가 도매시장에 상장하거나 직매장 또는 슈퍼마켓에서 납품하는 방식이다. 이 방법은 판매가격을 결정하는 데 생산자가 더 많은 영향력을 행사할 수 있고, 상인에게 이용당할 위험이 최소화된다는 이점이 있는 반면, 개별적인 유통비용을 모두 생산자가 부담해야 하며, 판매에 따르는 위험부담도 개별 생산자가 감당해야 한다는 단점이 있다.

다섯째, 생산자가 생산물을 직접 소비자에게 소매하는 방법은 소비자를 생산현장으로 오도록 유도하여 산지에서 판매하는 방식과 생산자가 소비자에게 찾아가서 판매하는 방식으로 나눌 수 있다. 후자는 대도시의 소비 중심지에 인접한 지역의 생산자 등이 예외적으로 택할 수 있는 방법이다. 생산자가 산지에서 생산물을 직접 소비자에게 소매하는 경우는 도시와 농촌의 교류 확대와 도시민의 여가 증가에 발맞추어 상당히 빠른 속도로 늘어나고 있는 판매방식이다. 관광이나 테마교육 프로그램 등으로 생산현장에 도시 소비자들이 자발적으로 찾아와서 농산물을 구입하는 하는 방법으로서, 생산자는 유통비용을 최소화하면서 판매가격을 스스로 결정할 수 있다는 이점과 다른 서비스의 판매까지 함께 할 수 있다는 장점이 있다.

여섯째, 전자상거래를 이용하는 방법은 인터넷이 보편화되기 이전에도 기업간 문서를 전자식 방식으로 교환하거나 PC통신의 홈쇼핑 등 다양한 형태로 존재해 왔으나 인터넷이 대중화되면서 인터넷상에서의 거래와 관련지어 생각하게 되었다. 협의의 전자상거래란 인터넷상에 개설된 상점을 통해 실시간으로 상품 등을 거래하는 것으로 정보통신기술과 정보시스템의 개발로 매년 거래량이 늘어나고 있다.

04 농산물 판매 전략

일반적으로 농업경영인이 농산물의 판매전략을 설계하는 경우는 많지 않다. 품목별로 차이가 있지만, 채소는 밭떼기라고 불리는 포전거래가 가장 많은 비중을 차지하고 있으며 과일은 공동 또는 개별로 도매시장에 출하하는 경우가 많다. 그러나 농산물의 부가가치는 유통단계별로 발생하고 원물보다는 가공품일 경우 높다는 점은 알려진 사실이다. 따라서 농업경영인은 농산물을 생산하는 것도 중요하지만 어떻게 팔 것인가라는 판매전략도 매우 중요하다.

합리적인 유통 판매계획을 수립하기 위해서는 시장조사를 철저하게 하여야 한다. 유통계획을 구상할 때에는 판매시기, 판매장소, 판매방법, 상품형태를 반드시 고려해야 한다.

4.1 판매시기

농산물의 최적 판매시기를 결정하기 위하여 생산하고자 하는 작목에 대한 수년간 월별 가격과 시장 출하량을 분석하여 최적 판매시기를 결정하여야 한다. 판매시기와 판매량, 판매가격을 추정하기 위하여 4~5년간의 월별 판매가격과 시장 출하량을 조사하고 월별 판매가격이 높거나 낮게 형성되는 원인을 분석할 필요가 있다.

시장가격이 좋지 않을 경우 출하를 조정하여 시장가격이 좋아질 때까지 기다리는 것이 바람직하다. 그러나 생산된 농산물의 출하를 무작정 늦출 수는 없다. 출하시기를 조절하는 생산기술이 필요하고, 출하가 지연될 경우 운영 자금의 조달이 어렵고, 농산물의 보관에 많은 비용이 들어가기 때문이다.

출하조정으로 얻을 수 있는 이익이 운영자금 조달지연이나 보관 관리에 따라 발생되는 비용을 초과할 수 있는가를 따져보아 슬기롭게 출하시기를 조정하여야 한다. 또한 부패와 변질이 쉬운 농산물인 경우 보관 관리 등의 문제로 출하 조정에 어려움이 있으므로 출하시기 조절을 위한 기술개발 등을 추진하는 것이 효율적인 경우가 많다.

농축산물의 수급과 가격을 전망하기 위해서는 전문기관인 한국농촌경제연구원 농업관측본부의 농업전망자료를 참고하는 것도 좋은 방법 가운데 하나이다. 농업관측본부에서는 곡물, 채소, 과일, 과채, 축산, 버섯 등 주요 품목(축종)별로 월별 또는 분기별 가격을 전망하고 있다. 2019년 현재 35개 주요 품목(축종)에 대한 관측 업무를 실시 중이며, 매년 거시경제와 농업경제 및 농축산물의 국내외 수급변화를 고려한 장기전망도 실시하고 있다.

4.2 판매장소

농산물의 특성에 따라 잘 팔리는 곳이 따로 있기 때문에 잘 팔릴 수 있는 곳에서 팔아야 한다.

농산물 시장조사를 통해 주거래 대상자는 누구이며 농산물의 등급, 규격, 포장 형태에 따라 거래 물량과 가격을 조사한다. 시장정보에는 농작물의 작황과 예상생산량에 관한 정보로부터 소비자의 취향과 기호, 시장별 가격동향, 수출입동향 등이 모두 포함되며, 특정 생산물에 대한 시장조사 결과도 중요하게 취급된다. 농산물의 시장별 어떤 종류의 농산물이 주로 거래되는지, 그 지역시장의 가격과 수송비 등 출하비용을 파악한 후 어디에서 팔 것인지 결정한다.

4.3 판매방법

어떻게 팔 것인가는 어느 지역에서 경매에 응할 것인지 아니면 직거래를 할 것인지 하는 판매방법과 관계된다.

판매방법은 크게 첫째, 농장에서 상인(수집상 또는 반출상)에게 판매하는 방법, 둘째, 위탁상 또는 농협 등의 단체에 판매를 위탁하는 방법, 셋째, 가공공장이나 대량 수요자와 직접 거래하는 방법, 넷째, 소비지에 직접 출하하여 도매시장에 상장하거나 직매장, 슈퍼마켓 등에 직공급 하는 방법, 다섯째, 전자상거래나 농산물 라이브커머스(라이브 스트리밍과 이커머스의 결합 신조어) 등을 활용하여 소비자에게 직접 판매하는 방법 등 다양한 판매방법이 있다.

4.4 상품형태

상품의 선별, 가공, 포장 등 상품을 시장에 출하할 때의 상품형태를 뜻한다. 고객에 따라 필요한 형태가 다르고 취향이 다르기 때문이다. 예를 들어 1인 가구이나 맞벌이 부부가 많이 사는 곳은 조리가 바로 가능하도록 손질된 것이 잘 팔리고 값이 싸다고 할지라도 요리시간이 오래 걸리거나 손질을 많이 해야 하는 재료는 구입을 피할 것이기 때문이다.

농산물의 상품화 방법도 다양하다.

먼저, 선별 포장 방법은 농산물을 수확하여 원물 형태로 출하하지 않고 등급별로 선별하여 1차 포장을 한 뒤 출하하는 방법이다. 최근 농산물에 산지 농축협의 이름이나 생산자의 이름을 표시하고 포장을 고급화하여 소비자의 신뢰도 및 부가가치 제고에 노력을 기울이고 있다.

둘째, 저장 보관하는 방법은 단기적인 재고 관리나 시장조건이 불리할 때를 예상하여 저장시설을 운영하는 것이 필요한 경우가 있다. 특히 장기저장이 가능한 농산물의 경우에는 경제성을 확보할 수 있는 지역 단위로 보관 저장하는 것이 부가가치를 높이고 가격협상이나 시장조건의 변화에 대처하는 데 유리하다.

셋째, 농산물을 가공하는 방법이다. 산지 농산불 과잉생산으로 인한 홍수 출하를 억제하기 위해 농장 단위에서 1차 가공 후 저장하는 방법이 있다. 최근 산지에서 배추를 절임배추 형태로 1차 가공하거나, 과실류를 잼이나 통조림, 주스, 과실주 등으로 가공하는 방법이 있다. 그러나 이러한 사업은 농장단위에서 개별적으로 운영하기에는 어려움이 있기 때문에 산지 농협이나 여러 농가가 영농조합법인이나 회사법인을 만들어 저장가공시설을 운영하는 것이 바람직하다.

05 농업재해보험과 위험관리

농업에서 기상조건은 매우 중요한 사항이다. 최근 전 세계적으로 저온피해나 가뭄, 여름철 폭염·태풍 등 이상기후에 시달리고 있어 자연재해로 인한 농업경영 위험이 크게 증가하고 있으며 더욱이 자연재해의 피해는 그 범위가 광범위하게 발생하여 한 번 발생하면 그 피해를 개인이 감당하기 어려운 실정이다.

이러한 농가 피해에 대비하기 위해 정부는 태풍·가뭄 등 자연재해, 조수해, 화재로 인한 농작물 피해를 보상해주는 농업재해보험사업을 시행하고 있다.

농업재해보험은 농가의 소득과 경영안정을 도모하고, 안정적인 농업 생산 활동을 뒷받침하는 정책보험으로 농작물 재해보험과 가축재해보험이 있다.

농작물 재해보험은 태풍 및 우박 등 자연재해로 인해 발생하는 농작물의 피해를 적정하게 보전해 줄 목적으로 농작물재해보험법(법률 제6377호)에 따라 2001년 3월 1일부터 시행한 제도이다. 가입 대상자는 사업실시지역에서 농작물 재해보험 대상 농작물을 경작하는 개인 또는 법인이며, 농작물재해보험은 일반 보험과 다르게 보험료의 50%를 정부가 10~40%를 지방자치단체가 지원하고 나머지를 농가가 부담한다.

농작물재해보험에 가입할 수 있는 품목은 2018년까지 57개 품목이었지만 올해 노지채소(배추·무·호박·당근·파) 5개 품목이 추가되어 총 62품목이다. 과수작물 보험대상은 사과·배·감귤·단감·떫은감·복숭아·포도·자두·참다래·밤·매실·대추·복분자·오디·오미자·무화과·유자 등 17개 품목이지만 모든 품목들을 전국 어디에서나 가입할 수는 없다. 사과·배·단감·밤·대추·감귤·자두·매실·포도·복숭아는 전국이 보험대상 사업지역이지만, 나머지 품목은 일부 지역에서만 적용된다.

농작물 재해보험 가입은 지역농협에서 신청하지만, 농작물별로 그리고 재배시기별로 보험상품 판매기간이 다르기 때문에 사전에 지역농협에 문의해야 한다. 보상금 지급은 재해가 발생하여 이를 통지하면 피해 확인 및 손해평가, 검증조사 등의 과정을 거쳐 보험금이 지급된다. 2018년에는 농작물 재해보험에 277천 농가가 가입(가입률 33.1%)하였고, 이상저온·폭염(일소피해)·태풍 등으로 인해 80천 농가가 5,842억 원의 보험금이 지급되어 재해피해 농가의 경영안정에 도움이 되었다. 이는 농작물재해보험 판매를 시작한 2001년 이후 최대이며 2017년에 지급된 약 2,800억 원의 두 배가 넘는 지급 금액이다.

가축재해보험은 돼지, 닭 등 16개 가축을 대상으로 수해, 설해, 폭염 등에 의한 피해를 보상하고 있으며 취급보험사는 한화손보, 현대해상, DB손보, KB손보, NH농협손보에서 취급하고 있다.

농산물재해보험은 2001년 농작물재배보험법 제정이후 성장세를 유지하고 있지만, 아직도 몇 가지 문제점들이 남아 있다. 농업 경영인의 입장에서 농산물재해보험이 자연재해에 대한 농가 위험관리에 실효적인 수단이 되기 위해서는 정책보험으로써의 공적기능을 보다 강화할 필요가 있으며, 공정하고 신속한 손해평가체계를 확립해야 한다.

Chapter 9

농업회계분석

농업회계분석

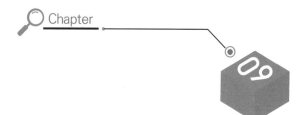

농업경영체는 많은 자금을 투자하여 기계, 시설, 자재 등을 구입하고 이를 영농활동에 활용한 후에 생산한 농산물을 시장에 판매한다. 이러한 상업농 시대에는 영농의 목적이 이윤추구에 있기 때문에 농업 CEO는 농장의 이윤추구를 위해서 우리 농장에서 현재 이익이 발생하는지 손실이 발생하는지를 알아야 하고 영농의 수지를 따져보아야 한다. 재무제표는 일정기간(사업연도) 동안의 농장 경영성적과 특정한 시점의 농장 재무상태를 나타내 주는 보고서이며 대차대조표, 손익계산서, 현금흐름표 등이 있다.

01 농업부기의 필요성과 목적

우리가 농사를 지으면서 수지가 얼마인지, 왜 손해를 보았는지 등에 대해 정확하게 파악할 수 있는 자료가 있어야 경영개선에 도움이 된다. 농업경영자가 농업을 지속하여 수지를 맞추고 계속 발전시켜 나가기 위해서는 경영성과분석, 경영진단과 설계, 경영개선의 노력이 있어야 하며 이러한 과정을 수행하기 위해 기본이 되는 것이 개별 경영체의 농업경영 기록이다.

특히, 상업적 농업에 있어서 농업이윤의 극대화를 위해서는 수입과 지출에 관한 정확한 정보가 있어야 한다. 이러한 정보를 기초로 하여 과거의 경영성과를 분석하고 평가함으로써 효율적이고 보다 정확하게 농장을 설계할 수 있다. 이러한 정보는 경영에 관련된 수입 및 지출을 기억에 의존할 수는 없고 기록된 기장결과에 기초를 두어야 한다. 여기에 부기의 필요성이 있다.

부기의 목적은 다음과 같이 요약할 수 있다.

첫째, 기록에 의하여 자산·수입·지출 등 경영내용과 성과를 파악하는 수단이다. 둘째, 기록결과를 이해당사자들에게 증거자료로 제시하고 통지하는 수단이다. 셋째, 후일의 증거자료로 보존함으로써 분쟁해결의 수단이다. 넷째, 경영성과의 평가분석과 미래의 경영설계에 필요한 자료를 제공한다.

농업부기는 ① 기록대상에 따라 농업경영부기, 부문경영부기, 생산비부기 등이 있고 ② 기록내용과 분석목적에 따라 자산재고조사와 손익기록 및 생산기장 등으로 구별할 수 있다. ③ 기장체제 또는 기장방법에 따라 단식부기와 복식부기로 구분한다.

02 복식부기의 기본개념

복식부기는 하나의 거래가 있을 때 2개 또는 그 이상의 계정과목에 거래금액을 기록하는 것을 말한다. 예컨대 현금으로 농기계를 사면 현금계정에 감소액을, 농기계 계정에 증가액을 기입하는 것 등을 말한다. 복식부기에서 표시되는 중요한 용어는 다음과 같다.

2.1 회계 방정식

회계 방정식은 부기주체의 재정 상태를 일정한 수식에 의해 나타낸 것을 말한다. 즉, 자산 = 부채 + 자기자본의 형태로 나타난다.

경영활동을 위해서는 토지, 농기구, 현금 등이 필요하며 이것은 누군가의 투자에 의해 조달된다. 자산은 유형·무형의 재화를 말하며 이 재화의 조달원천에 따라 구분된 것이 부채와 자기자본이다. 따라서 위의 등식은 언제나 성립된다. 이식을 대차대조표 방정식이라 하며, 이를 변형시키면 자기자본 = 자산 − 부채가 된다. 자기자본을 자산으로 나누면 자기자본비율이 구해지며 자기자본비율이 높으면 재무구조가 건실한 것을 나타낸다.

2.2 자산·부채·자본의 개념

농업회계에서는 자산과 부채를 일괄해서 재산이라고 한다. 또한 자산을 적극적 재산, 부채를 소극적 재산이라고도 한다.

자산은 그 가치를 화폐로써 표현할 뿐만 아니라 자산을 소유한 사람이 임의로 처분할 수 있는 물건을 의미하며 형태상으로 분류하면 생산자산과 유통자산으로 나뉘고, 생산자산은 다시 고정자산과 유동자산으로 분류된다. 고정자산은 토지, 건물, 대식물, 대동물, 대농기구, 유동자산은 소식물, 소동물, 소농기구, 미판매농산물, 중간생산물 등이며 유통자산은 현금, 예금, 외상매출금, 보험금, 출자금 등, 그리고 부채는 차입금, 외상매입금, 미지급금 등 포함한다.

부채란 타인 혹은 금융기관에 일정한 금액을 지급해야 할 의무를 의미하며 농업부기에서 부채는 상환기간에 따라 장기부채와 단기부채로 구분한다. 장기부채(고정부채)는 재무제표에 의하여 1년(회계연도) 이상의 상환기간을 갖는 부채이며, 단기부채(유동부채)는 회계기간의 경우 1년 이내에 상환하는 단기차입금, 외상매입금, 미지급금 등을 의미한다.

| 그림 9-1 | 농업재산의 분류 |

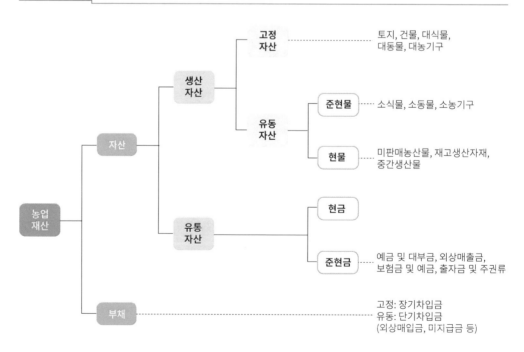

자본은 자산합계에서 부채합계를 뺀 잔액을 말한다. 다시 말하면 자본 = 자산 −
부채 방정식이 성립하며 이를 자본방정식이라 한다. 농업경영의 목적은 재산을 증가시
키는 것이 목적이지만 그 가운데에서도 자기자본을 증가시키는 것이 주된 목적이다. 농
업경영체가 획득하는 순이익은 자기자본을 증가시키는 요인이 된다.

자산, 부채, 자본을 하나의 표에 나타낸 것이 대차대조표이다. 대차대조표는 일정
시점에서의 부기주체의 재정 상태를 나타낸다. 따라서 대차대조표에는 부기주체명, 대
차대조표 명칭, 결산일을 표시하고 자산합계와 부채 및 자본합계의 밑에는 두 줄을 긋
고 대변과 차변의 두 합계는 일치해야 한다.

2.3 계정

회계기간에 발생하는 항목들의 증감을 기록하고 계산하기 위해 설정한 회계단위이
다. 계정에는 대차대조표 계정과 손익계산서 계정이 있다. 대차대조표 계정에는 자산계
정, 부채계정, 자본계정이 있으며 손익계산서 계정에는 수익계정과 비용계정이 있다.

그림 9-2 대차대조표와 손익계산서 계정

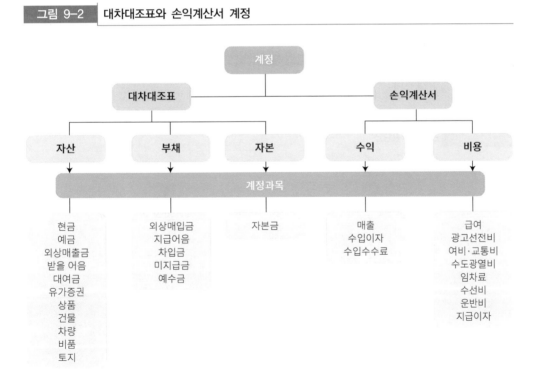

2.4 거래

거래란 물건을 구입하고 판매하면서 그 대금을 주고받는 행위이다. 회계상의 거래란 대차대조표를 구성하는 자산과 부채 또는 자본의 증감과 변화를 가져오는 경제 현상을 말한다.

거래는 교환거래, 손익거래 그리고 혼합거래로 분류할 수 있다. 교환거래는 자기자본에 영향을 미치지 않는 현금으로 농지를 매입하던가 부채를 상환하는 경우다. 손익거래는 자기자본에 영향을 미치는 거래로서 쌀을 10가마니 생산해서 현금 판매할 때는 현금증가와 수익발생이라는 자산증가와 자본증가를 가져오는 경우를 예로 들 수 있다. 혼합거래는 위의 두 거래를 동시적으로 나타내는 경우로서 연초에 100만 원으로 구입한 소를 육성하여 가을에 130만 원에 판매할 때를 예로 들 수 있다.

거래가 발생하면 자산과 부채, 자본이 증가하거나 감소할 수 있다. 자산, 부채, 자본, 수익, 비용은 상호작용을 하면서 증가하거나 감소의 변화를 가져오는데 자산의 증가와 감소, 부채의 증가와 감소, 자본의 증가와 감소, 비용의 발생, 수익의 발생을 거래의 8요소라 한다.

복식부기에서는 거래의 기입을 차변과 대변으로 나누어서 기록하며 차변에 어떠한 변화가 일어나면 반드시 대변에도 동일한 금액의 변화가 일어나게 된다. 이를 거래의 이중성(또는 양면성)이라 하며 거래의 대립관계라고도 한다. 이는 복식부기의 대차평균의 원리에 의해 성립된다.

그림 9-3 **거래의 8요소**

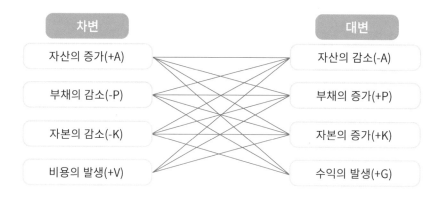

2.5 분개

거래를 거래요소에 의해 분석하고 거래를 성립시키는 계정과목을 파악하여 어떤 계정과목의 차변과 대변에 거래금액을 기입할 것인지를 결정하는 것을 분개라 한다. 최근 컴퓨터를 이용하여 처리하는 프로그램이 많이 개발되어 있어 농업회계 처리 과정이 자동적으로 처리되고 있다. 그러나 컴퓨터를 이용한 전산회계에서도 경영주가 직접 분개하는 작업이 있으며 농업부기에서 거래내용에 대한 분개를 할 수 있는 능력이 있어야 농업용 회계프로그램을 유용하게 활용할 수 있다. 분개를 직접 처리하기 위해서는 다음과 같은 순서에 의거해서 분개를 실시한다. 먼저 거래가 발생하면 구체적인 계정과목을 결정하고 다음으로 차변요소와 대변요소를 결정한 이후에 마지막으로 차변에 대변에 같은 금액을 기입한다.

2.6 대차평균의 원리

거래를 분개하면, 어떤 계정과목의 차변금액과 다른 계정과목의 대변금액이 일치한다. 이와 같이 차변요소의 금액과 대변요소의 금액이 일치하는 것을 대차평균의 원리라고 하며 기록계산을 검사하는 등의 자기검증의 기능을 지닌다.

03 대차대조표와 손익계산서

3.1 대차대조표

대차대조표는 농업경영체의 재산 상태를 일정 시점에서 정리하여 회계기간 동안에 변화한 재산의 증감상태를 정리한 일람표이다.

대차대조표는 자산, 부채, 자본이라는 3개의 요소로 구성되어 있다. 대차대조표는 차변(대차대조표의 왼쪽)과 대변(대차대조표의 오른쪽)으로 구분하여 비교하며 차변에는 자산을 기입하고 필요한 자금원인 부채(타인자본)와 자본(자기자본)은 대변에 기입한다.

그림 9-4 　대차대조표　(단위: 천 원)

200X년 12월 31일

자금의 운용상태	차변(자산)		대변(부채·자본)		자금의 조달원천
	유동자산	당좌자산 (1년이내 현금화)	타인자본 (부채)	유동부채 (1년이내 갚아야 할 돈)	
		재고자산 (판매하면 즉시 돈이 됨)		고정부채	
	고정자산		자본		
	자산합계		부채·자본 합계		

대차대조표의 차변(자산의 합계)과 대변(부채와 자본의 합계)은 반드시 일치해야 하며 이를 수식으로 나타내면 대차대조표 등식인 자산 = 부채 + 자본이 성립한다.

3.1.1. 재고자산 평가방법

농가소득의 산출을 위해서는 농산물, 농업생산자재, 대동식물 및 농기구 자산의 재고실태와 그 변화를 알기 위해 재고자산의 평가가 필요하다.

재고자산의 평가방법은 취득원가·순판매가격·재생산비용 및 수익의 자본화에 의한 평가방법 등이 있다. 일반적으로 모든 자산을 동일한 방법에 의해 평가하지 않고 자산의 종류에 따라 그에 적합한 방법을 적용한다.

3.1.2. 고정자산의 감가상각방법

시간이 지남에 따라 가치가 감소하는 내구성 자산은 자산의 가치를 감가하는 절차가 필요하다. 감가상각은 일 년 이상의 장기사용 자산의 가치소모액을 계산하여 그 유용기간을 통하여 비용을 배분하기 위한 것이다. 따라서 각 기간에 계산된 소모액은 그 기간의 고정 비용으로 간주된다.

감가상각의 계산방법으로 많이 쓰이는 것으로는 정액법, 정률법이 있다. 정액법은 사용이 가능한 내용연수 동안 동일한 액수만큼 감가하는 방법이다. 정액법을 이용한 감가상각법은 다음 공식과 같다.

$$D = \frac{B-S}{n}$$

여기서 D = 1년의 감가상각액

B = 기초가액 또는 취득원가

S = 잔존가격

n = 기대사용연수

정률법은 매년 일정한 비율로 감가상각액을 계산하는 방법이다. 고정자산의 연초재고액에다 일정한 비율을 곱하여 감가상각액을 계산한다. 여기서는 먼저 적용할 비율을 산정해야 하는데 그 비율은 다음 식에 의하여 추정한다.

$$Dr = 1 - \sqrt[n]{\frac{S}{B}}$$

여기서 Dr = 상각률, B = 기초가액 또는 취득원가,

S = 잔존가격, n = 사용연수

 예제

한국농장에서는 새해에 예초기를 1대 신규로 구입하기로 하였다. 최초구입가격은 70만 원이었으며 5년간 사용하고 판매하면 구입가격의 10%인 7만 원을 돌려받는 조건이다. 정액법으로 계산할 경우 예초기의 감가상각액은 매년 얼마인가?

연차	정액법 $D = (B-S)/N$	정률법 $D_r = 1 - \sqrt[n]{(S/B)}$	급수법 $D = (B-S) \times N$급수
1	126,000	257,900	210,000
2	126,000	163,170	168,000
3	126,000	102,797	126,000
4	126,000	64,762	84,000
5	126,000	40,800	42,000
계	630,000	630,529	630,000

3.2 손익계산서

회계기간 동안에 발생한 수익과 비용이 분개·기록되어 각 계정에 전기·집계된 결과가 일정한 형식으로 표시된 집계표가 손익계산서이다. 손익계산서는 일정기간 동안의 경영성과를 나타내는 것으로서, 기간이 표시되고 부기주체명이 명시되어야 한다. 손익계산서는 ① 일정기간 동안 ② 수익과 비용을 집계한 재무제표로 ③ 손익의 규모, 구성, 내용, 경영의 성과, 내용 등을 파악할 수 있다. 손익계산서 등식은 비용 + 순이익 = 수익이다.

| 그림 9-5 | 손익계산서 |

20××.1.1.~20××.12.31.   ○○농장

비용	금액	수익	금액
매출원가	×××	매출액	×××
⋮	⋮	⋮	⋮
⋮	⋮	⋮	⋮
⋮	⋮	⋮	⋮
순이익	×××	⋮	⋮
계	×××	계	×××

손익계산서 작성 방법은 다음과 같다.

매출액은 일정한 대가를 받고 제품, 상품, 용역 등을 공급하는 일반적인 상거래에서 발생하는 판매수익을 말한다. 농업에서는 동식물이나 수확물 판매에 따른 생산물 매출, 농작업 대행 등으로 발생한 수입수수료, 부산물 매출 등이 있다. 매출액 추정은 손익계산서를 작성하는 기간에 판매한 주산물과 부산물 및 수수료 수입 금액이다.

매출원가는 매출액을 벌어들이기 위해 발생한 비용으로 판매된 생산원가 또는 매입원가이다.

매출 총이익은 매출액에서 매출원가를 차감한 이익이다.

판매비와 관리비는 생산물 등의 판매 활동과 농장의 관리 활동에서 발생하는 비용으로서 매출원가에 속하지 아니하는 모든 영업비용을 포함한다. 예를 들면 판매를 위한 상하차비, 수송비, 각종 수수료, 포장비에 들어간 비용, 생산 활동과 직접 관련이 없는

인력의 인건비, 판매활동을 위한 광고비 등이 여기에 해당된다. 이러한 비용을 산출하여 합계를 낸다.

영업이익은 매출 총 손익에서 판매비와 관리비를 차감하여 산출한다.

영업외수익은 기업의 주된 영업활동이 아닌 활동으로부터 발생한 수익을 말한다. 농장 경영에서 발생한 수익이 아닌 이자수익, 배당금수익 등이 여기에 해당한다. 특별이익으로 분류되는 자산의 순증익, 채무의 면제 차익 등도 영업외수익에 포함된다. 예를 들면 각종 직불금 등이 여기에 해당된다.

영업외비용은 농장의 주된 영업활동이 아닌 활동(매출원가, 판매비 및 관리비에 해당하지 않는 비용)에서 발생한 비용을 말한다. 모든 재해에 따른 손실 등이 여기에 해당된다.

세금 차감 전 손익은 영업 손익에 영업외수익을 가산하고 영업외비용을 차감하여 산출한다.

3.3 대차대조표와 손익계산서의 관계

대차대조표와 손익계산서는 매우 밀접한 관계에 있으며 대차대조표와 손익계산서의 순이익은 반드시 일치한다.

대차대조표의 순이익은 기말자본 − 기초자본 = 자본의 순증가분

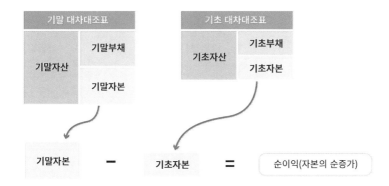

손익계산서의 순이익은 수익 − 비용 = 자본의 순증가분

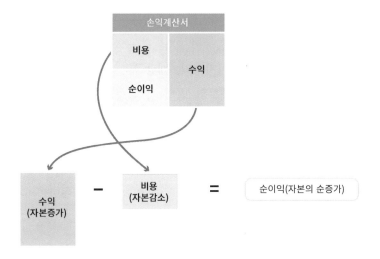

대차대조표는 일정시점에 재산의 증감을 파악할 수 있으면 손익계산서는 일정기간의 손익의 파악할 수 있다.

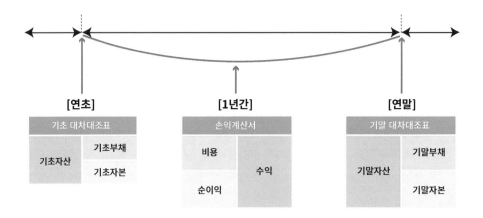

04 계정계좌의 기입원칙

계정계좌의 기입원칙은 계정의 종류별로 차이가 있다. 자산계정은 증가항목을 차변에 감소항목을 대변에 기입하지만 부채와 자본계정은 반대로 증가항목을 대변에 감소항목을 차변에 기입한다.

4.1 대차대조표 계정의 기입원칙

대차대조표를 구성하고 있는 각 계정과목과 금액의 기입은 대차대조표 등식(자산 = 부채 + 자본)을 바탕으로 이루어진다. 즉, 자산은 대차대조표의 차변에 잔액이 표시되므로 자산의 증가는 이 계정의 차변에 기입되며, 감소는 계정계산의 성질로 보아 당연히 반대쪽인 대변에 기입된다. 또 부채와 자본은 대차대조표의 대변에 잔액이 표시되므로 증가는 대변에 감소는 차변에 기입된다.

대차대조표 계정의 기입원칙을 일괄 표시하면 다음과 같다.

그림 9-6 대차대조표 계정의 기입원칙

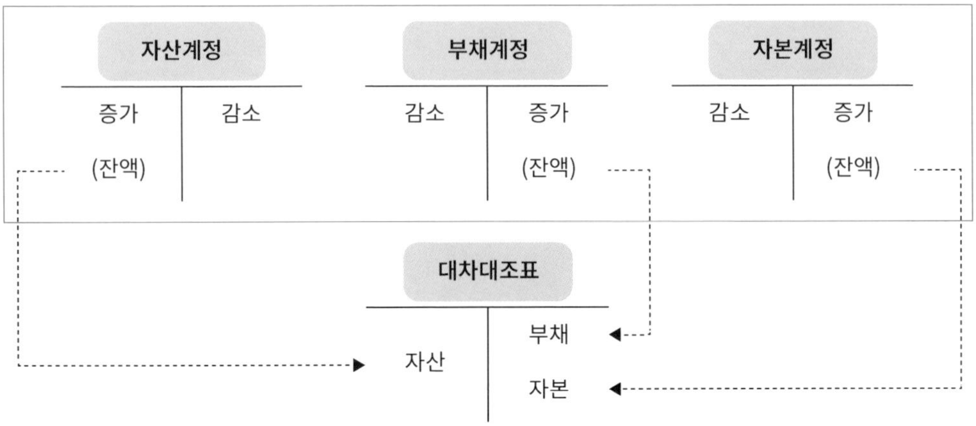

4.2 손익계산서 계정의 기입원칙

손익계산서의 차변은 비용을 대변은 수익을 나타낸다.

비용의 발생(증가)은 비용계정의 차변에, 소멸(감소)은 대변에 기입하며, 수익의 발생(증가)은 수익계정의 대변에, 소멸(감소)은 차변에 기입한다.

손익계산서 계정의 기입원칙을 일괄 표시하면 다음 그림과 같다.

그림 9-7 **손익계산서 계정의 기입원칙**

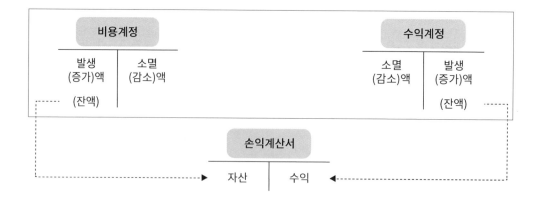

Chapter 10

농장경영 성과분석

농장경영 성과분석

 Chapter

농업 CEO는 재무제표를 보고 농장의 경영성과를 진단하고 대책을 수립할 수 있어야 한다. 농장의 경영성과를 진단하기 위해서는 먼저 농장의 수익성, 안전성, 생산성 등의 개념을 이해하고 이를 농장 성과분석에 적용하여 경영성과를 진단할 수 있어야 한다. 또한 만약 농장의 경영성과 분석에서 문제점이 발견된다면 이를 해결하기 위한 노력을 강구해 나가야 한다.

01 농업경영 성과분석 목적

농업경영의 목적이 소득 또는 순수익의 최대화를 추구하기 때문에 바람직한 경영성과를 얻기 위해서는 먼저 농업경영의 실태를 정확하게 파악할 필요가 있다.

농업경영의 실태를 파악하기 위해서는 경영목표에 비추어 경영성과를 분석하고 경영요소와 경영성과를 계산하여 이를 비교·평가한다. 이를 경영성과분석이라 한다. 경영성과분석은 자신의 경영실태를 정확하게 파악하고 경영성과를 정확하게 분석함으로써 경영실패의 요인은 어디에 있으며, 경영개선을 위해서는 어떻게 해야 하는가 등에 관한 기초자료를 얻고자 하는 것이 목적이다.

농장주는 스스로 모든 경영활동과 결과를 기록하고 집계/결산/분석하여 경영을 개선해 나갈 수 있는 능력을 갖추어야 한다.

02 농업경영성과 분석방법

농업경영성과 분석방법은 다양하지만, 현실적으로 이용 가능하고 비교적 초보자도 쉽게 활용할 수 있는 농업경영성과 분석방법에는 수익성 분석, 안전성 분석, 생산성 분석 등이 있다.

2.1 수익성 분석

수익성은 일정한 기간 동안에 자본, 토지, 노동 등의 생산요소를 어느 정도 투하하여, 어느 정도의 이익을 얻었는가를 나타내는 하나의 효율성 지표이다.

농업경영의 궁극적인 목표는 순수익의 최대화에 있으며 경영의 합리화도 결국은 보다 많은 순수익을 실현하는 데 있다.

순수익의 향상을 위해서는 우수품질의 농산물을 생산하여 높은 가격을 받거나 우량품종을 도입하여 단위당 생산량을 높이거나 생산요소를 보다 적게 투입하여 생산의 효율성을 높이는 등의 노력을 통해 생산비용을 절감해야 한다.

수익성지표는 수익성을 평가하는 지표로는 자본수익성, 토지수익성, 노동수익성 등이 있다.

2.1.1. 자본수익성 지표

• 자본순수익: 농업경영에 투하된 자본으로부터 발생한 수익크기

$$
\begin{aligned}
\text{자본순수익} &= \text{조수입} - (\text{경영비} + \text{가족노동평가액} + \text{자기토지대}) \\
&= \text{소득} - (\text{가족노동평가액} + \text{자기토지대}) \\
&= \text{순수익} + \text{자기자본이자}
\end{aligned}
$$

• 자본이익률: 자본순수익을 투하자본액으로 나눈 자본의 효율성 지표로서 어떤 자본을 투하하고자 할 때 농업경영내부의 여러 부문 또는 농업경영 이외의 부문 가운데 어디에 투하할 것인지를 판단하는 지표이다. 농업경영에 자본투하를

가능하게 하는 최소한의 조건은 자본이익률이 일반시장이자율(은행이자율)보다 높아야 한다.

$$자본이익률 = (자본순수익 ÷ 투하자본액) × 100$$

- 자본회전율: 투하된 자본이 1년에 몇 회전하는가를 나타내며 12개월을 자본회전율로 나누면 개월 수로 표시된 자본회전기간이 산출된다.

$$자본회전율 = 조수입 ÷ 투하자본액$$
$$자본회전기간 = 12개월 ÷ 자본회전율$$

- 자본순수익률: 기업경영에서 마진율과 비슷한 개념으로 총매출액이 차지하는 마진폭의 비율이다.

$$자본순수익률 = 자본이익률 × 자본회전율$$
$$= 자본이익률 × 자본회전기간((투하자본액/조수입) × 12개월)$$

2.1.2. 토지수익성 지표

- 토지순수익: 토지소유에 대한 수익성지표로써 농업경영에 투하된 토지로부터 발생한 수익의 크기를 의미한다.

$$토지순수익 = 소득 - (가족노동평가액 + 자기자본이자)$$
$$= 순수익 + 자기토지지대$$

- 단위면적당 토지순수익: 토지를 얼마나 유효하게 이용했는지를 나타내는 토지의 효율성 지표로써 일반적으로 10a당 토지순수익을 많이 사용한다.

$$10a당 토지순수익 = 토지순수익 ÷ 토지면적$$

2.1.3. 노동수익성 지표

- 가족노동보수: 농업경영이 가족노동력에 의해 운영될 때, 가족노동력 전체에 대한 수익의 크기를 의미하며, 이 지표는 가족노동일수, 종사자수, 경영형태가 비슷한 농업경영체간 비교에 사용한다.

$$가족노동보수 = 소득 - (자기토지지대 + 자기자본이자)$$
$$= 순수익 + 가족노동평가액$$

- 1일당 가족노동보수: 농업경영에 투하된 가족노동의 하루에 대한 보수의 크기를 의미하며 노동의 효율성 지표로 사용한다.

$$1일당 가족노동보수 = (가족노동보수 ÷ 가족노동시간) × 8(시간)$$

- 1인당 가족노동보수: 농업경영 종사자 한 사람에게 귀속되는 가족노동보수의 크기를 의미하며, 농업경영체간 비교나 농업경영 이외의 고용부문과도 비교가 가능하다.

$$1인당 가족노동보수 = 가족노동보수 ÷ 가족노동력 단위 수$$

2.2 안전성 분석

안전성 분석은 유동성 분석이라고도 하며, 어떤 농업경영체가 단기적인 채무 지불능력을 갖추고 있는지 또는 장기적으로 경기변동이나 시장여건변화 등 경영외적인 변화에 대응할 수 있는 능력을 지니고 있는가를 측정하는 분석방법이다. 안전성이란 경영의 재무구조(자본구성, 자산구성, 재무유동성 등)가 안전한 상태인지를 의미한다.

안전성 분석의 분석지표는 복식부기의 결산제표 가운데 대차대조표를 기초로 분석하며, 자본구성, 자산구성, 재무유동성을 분석지표로 활용한다.

2.2.1. 자본구성 안전성 분석지표

- 자기자본비율: 경영에 투하된 총자본 가운데 자기자본이 어느 정도인지를 나타내는 지표로 자기자본비율이 높을수록 안전성이 높다. 일반적으로 50% 이상을 목표로 하며 대규모 자금을 필요로 하는 기업적 농업경영이라도 30% 이상의 수준을 유지하는 것이 바람직하다.

$$자기자본비율 = 자기자본 ÷ 총자본 × 100$$

- 부채자본비율: 자기자본은 타인자본에 대한 최종담보력이므로 자기자본 수준에서 부채를 얻어야 하기 때문에, 부채자본비율은 100% 이하가 좋다.

$$부채자본비율 = 타인자본 ÷ 자기자본 × 100$$

- 유동부채비율: 유동부채는 일반적으로 이자율이 높고 상환기간이 단기이므로 유동부채비율이 높을수록 상환부담이 크다. 따라서 유동부채비율이 낮을수록 좋다.

$$유동부채비율 = 유동부채 ÷ 자기자본(또는 총자본) × 100$$

- 고정부채비율: 고정부채를 자기자본으로 제한 비율이며 자기자본의 몇 %에 해당하는 고정부채가 있는가를 나타내는 지표로서 고정부채비율이 높을수록 상환부담은 적으나 총부채가 자기자본보다 크지 않은 범위가 바람직하다.

$$고정부채비율 = 고정부채 ÷ 자기자본(또는 총자본) × 100$$

2.2.2. 자산구성 안전성 분석지표

- 고정비율: 고정자산은 경영활동에 계속적으로 이용되는 자산이며, 설비투자를 의미한다. 따라서 장기간 경영내에 체류하는 설비투자는 상환부담이 없거나 작은 자본으로 충당하는 것이 이상적이며 고정비율은 100% 이하가 되는 것이 바람직하다.

$$고정비율 = 고정자산 \div 자기자본 \times 100$$

- 고정자산 대 장기자본비율: 설비투자가 자기자본만으로 부족할 경우에 장기상환이 가능한 고정부채를 이용하는데, 그 비율이 100%를 넘지 않아야 한다.

$$고정자산 대 장기자본비율 = 고정자산 \div 장기자본 \times 100$$
$$(여기서, 장기자본=자기자본+고정부채)$$

2.2.3. 재무유동성의 안전성 분석지표

- 유동비율: 단기채무의 상환능력을 평가하는 지표로서 유동비율이 높을수록 신용도가 높다. 유동비율은 200% 이상을 목표로 하나 유동성이 높은 경영에서는 150% 이상의 수준을 유지하면 양호한 것으로 판단한다.

$$유동비율 = 유동자산 \div 유동부채 \times 100$$

- 당좌비율: 농업경영체의 단기 상환능력을 간단명료하게 나타내는 평가지표로 당좌비율이 100% 이상이면 양호하다.

$$당좌비율 = 당좌자산 \div 유동부채 \times 100$$

2.3 생산성 분석

생산성이란 생산요소의 투입과 생산물의 산출비율을 의미하며, 효율성 또는 능률성과 유사한 개념이며, 물량이나 화폐액으로 나타낼 수 있다.

$$생산성 = 생산량(액) \div 생산요소 투입량(액)$$

생산성 향상은 일정량의 생산요소 투입으로 생산량을 증대시키거나 일정량의 생산량 산출에 생산요소 투입을 감소시킴으로써 가능하다. 분모인 생산요소 투입에 경지면적을 넣으면 토지생산성, 자본투하액을 넣으면 자본생산성, 노동투입량을 넣으면 노동생산성이 각각 산출된다.

$$토지생산성 = 생산량(액) ÷ 경지면적$$
$$자본생산성 = 생산량(액) ÷ 자본투하량(액)$$
$$노동생산성 = 생산량(액) ÷ 노동투입량(액)$$

03 농업경영성과 개선방법

농장의 경영성과를 개선하기 위해서는 농업경영성과 분석결과를 바탕으로 원인별 개선방안을 도출할 필요가 있다.

농업경영의 최대목표인 농업소득 또는 순수익은 조수익에서 생산비 또는 경영비를 제외한 금액이기 때문에 이를 최대화하기 위해서는 가장 먼저 조수익을 늘려야 한다. 또한, 다음으로는 비용을 줄이는 방법을 검토할 필요가 있다.

조수익은 생산량에 판매가격을 곱한 합계이기 때문에 조수익을 늘리기 위해서는 기술개선이나 규모확대의 방법으로 수량을 증대시키거나 작목전환, 품질향상, 판로개선 등의 방법으로 판매가격을 높이는 개선방안을 검토할 필요가 있다.

비용을 절감하기 위해서는 먼저, 비용분석을 통하여 비용 항목 가운데 어느 부분의 비용 항목이 높은지를 검토하여 세부항목별 비용절감 방안을 도출할 필요가 있다. 또한 비용절약형 신기술이 있다면 이러한 신기술 도입을 적극적으로 검토할 필요도 있다.

농가 경영개선을 위해 현장에서 활용 가능한 경영분석 프로그램은 다양하지만, 현재 무료로 이용가능한 농업경영분석 프로그램은 다음과 같은 프로그램들이 있다.

첫째, 경영관리 프로그램(팜업)은 고객·판매·재고관리를 바탕으로 수입과 지출, 영농일지 등을 동일 프로그램에서 다양한 경영기록과 분석이 가능하도록 개발·보급한 프로그램으로서, 시군농업기술센터 및 도농업기술원에서 희망농가에게 교육을 통해 보급하고 있다. 6차산업 관련농가의 체험, 숙박, 식당 등 매출과 예약 등을 관리할 수 있도록 기능을 추가 개발되었고, 현장활용도를 높이기 위해 '18년부터는 스마트폰 앱(app)과

| 그림 10-1 | 농업경영 분석방법 |

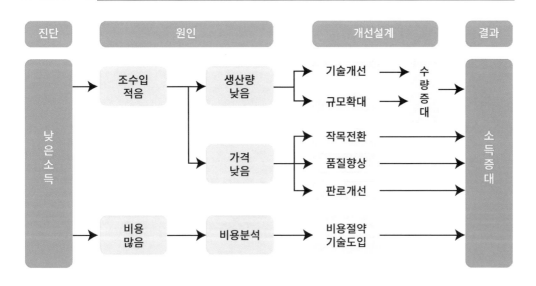

도 연동되는 시스템(위드팜업)을 농협과 공동개발하여 보급하고 있다.(농사로(http://www. nongsaro.go.kr) > 농업경영 > 경영기술 자료실에서 다운로드가 가능하다)

둘째, 간편농업회계프로그램은 경영기록을 필요로 하는 농가에서 스스로 활용할 수 있도록 만들어진 프로그램으로, 수기장부와 전산프로그램을 병행 이용하도록 한 것이 특징이다. 간단한 입력관리로 다양한 재무분석 자료를 출력해볼 수 있는 특징이 있으며, 손익계산과 대차대조표(재무상태표) 등의 정보가 제공된다. 농림수산식품교육문화정보원의 '농가경영장부시스템'[1]과 NH농협은행에서 개발한 '알차니'[2] 프로그램이 대표적인 프로그램이며, 최근에는 스마트폰을 이용한 농가경영장부 앱[3]도 출시되어 농가가 편리하게 이용할 수 있다.

셋째, 품목별 경영분석 프로그램은 작목별 기술력 평가에 기초한 경영컨설팅 분석도구로서 매출액 및 경영비 추정을 통해 소득을 분석하고, 투자된 농용자산(시설, 농기계 등)에 대한 감가상각비 계산과 차입금에 대한 이자비용 등을 종합적으로 고려하여 농장의 현금흐름을 도출하는 프로그램이다.

---

1 농림수산식품교육문화정보원 시스템 이용: http://easybook.farmware.org

2 알차니 프로그램 무료 다운로드: http://consulting.nonghyup.com

3 농촌진흥청 농장경영기장, 충북농업기술원 농가경영기록장 바로바로

사업계획서 작성

사업계획서 작성

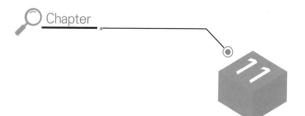

Chapter

11

농장의 사업계획서는 단기적으로 농장을 창업할 때 필요한 농장경영의 설계도이며, 중장기적으로는 사업을 지속적으로 영위할 때에 농장경영의 이윤추구 방향을 안내해주는 내비게이션이다. 농업을 둘러싼 내외부 환경변화에도 불구하고 농산물 생산에만 집착해서는 이윤 추구라는 농장목표를 지속적으로 달성하기 어렵게 된다. 따라서 사업계획서는 먼저 농장의 목표를 구체적으로 설정하고 다음으로 이를 달성하기 위한 생산관리, 판매관리, 자금관리 그리고 수지분석이 조화롭고 균형되게 작성되어야 한다.

01 사업계획서란

사업계획서는 사업의 목적과 전략, 표적 시장, 재무예측 내용 등을 일관성 있게 서면으로 정리한 계획서이다.

사업계획서 작성목적은 첫째, 사업을 시작하기 전에 계획한 사업의 전반적인 사항을 조명하는 청사진을 제시하며 둘째, 계획사업의 타당성을 검토하여 사업의 성공 가능성을 높여주는 사업지침서로 활용할 수 있고 셋째, 사업계획서는 금융기관이나 투자자에 의한 재정지원을 받기 위해서도 반드시 필요한 계획서이다.

이와 같이 사업계획서는 다양한 목적으로 사용되기 때문에 이해관계자별로 관심이 있는 정보를 제공할 필요가 있으며 이해관계자별 관심 분야는 다음과 같다.

표 11-1 이해관계자별 주요 관심정보

이해관계자	주요 관심정보	재무제표 해당부분
내부관계자	사업목표, 사업성과, 보상계획	사업계획서, 사업목표, 인건비
벤처투자자	성장성, 수익성, 현금흐름, 기업가치	사업목표, 손익계산서, 현금흐름표, 경영성과분석표
금융기관	안전성(담보능력), 회수가능성, 현금흐름	현금흐름표, 손익계산서, 대차대조표, 내부수익률
엔젤투자자	경영자능력, 수익성, 성장성, 회수가능성	사업계획서, 손익계산서, 대차대조표, 내부수익률

사업계획서에 포함한 핵심요소는 누가 사업을 할 것인지? 개인 농장주, 영농조합법인, 농업회사 등이 무엇을, 왜 해야 하는지? 기회를 획득하기 위해서는 어떻게, 어디서 해야 하는지?를 검토해야 한다. 또한, 자원의 범위와 언제 해야 하는지?와 같은 시간의 적절성도 포함해서 작성해야 한다.

사업계획서는 내용도 중요하지만, 일반적으로 통용되는 구조화된 형식을 갖추어야 한다. 사업계획서의 구조는 업종이나 규모 또한 사업계획서의 이용목적에 따라 차이가 있지만, 일반적인 구조는 ① 농장현황소개, ② 영농환경분석, ③ 영농계획수립, ④ 재무제표분석으로 구성된다.

일반적인 사업계획서 작성형식과 내용은 다음과 같다.

표 11-2 사업계획 작성형식과 내용

작성항목		주요 작성내용
요약문		• 계획사업의 핵심내용과 그 가치를 집약해서 설명한다. • 창업아이템이 왜 필요하고, 누가, 어떻게 실행하여 본 사업을 성공시킬 수 있는지에 대한 의지를 간결하고 설득력 있게 기술한다.
농장현황 소개	경영주	• 경영주 능력 확인사항 • 학력, 경력, 자격증, 특허, 교육사항 등
	농장 및 재배작물	• 재배작목과 경영규모, 경영형태 등 • 재배시설이나 기자재 등 • 농장의 비전과 목표 등
영농환경 분석	시장환경분석	• 시장규모와 성장성(시장규모는 고객의 수, 단위당 판매, 매출액 등), 시장세분화(어떻게 시장이 세분화되어 있으며, 어떤 시장을 대상목표로 하고 있는지) 등을 서술한다.
	경쟁제품분석	• 경쟁자(목표고객, 매출액, 가격, 시장점유율, 비용 및 원가위치, 제품수, 유통채널 등 비교)에 대한 내용을 서술한다.

작성항목		주요 작성내용
영농계획 수립	생산계획	• 농작물의 생산시설 및 생산계획을 작성한다. • 토지 및 시설의 위치계획, 설비투자계획 등도 포함한다.
	자금조달계획	• 자금조달계획은 우선 사업계획에 대한 총소요자금을 추정하고 부족한 자금에 대한 조달계획을 수립한다. • 창업자와 투자자 자금 등으로 구성된 자기자본과 정책자금, 금융기관 자금, 사금융 등의 자금으로 구성된 타인자본으로 구분하여 작성한다.
	노동력 계획	• 작부체계도에 기초한 노동력 투입 방안 등 검토한다.
	판매전략	• 잠재고객이 누구이며 고객과의 접촉방법, 품질 및 가격과 서비스 수준 그리고 광고 및 홍보 전략 등을 작성한다. • 가격, 유통경로, 판매촉진, 제품서비스 등을 중심으로 작성한다.
재무분석	재무제표	• 재무계획은 사업계획서의 다른 모든 요소를 종합하여 사업이 어느 정도의 수익성을 갖고 있는지를 수치로 나타낸 표이다. • 원가계산서, 대차대조표, 손익계산서, 현금흐름표 등을 기술한다.

　　사업계획서의 구체적인 작성방법은 농장과 관련한 여러 가지 상황들을 고려하여 다음과 같은 순서대로 작성한다.

〈1단계〉 목표설정 및 조사대상 목록 작성단계이다. 목표를 설정하고 각 단계별 조사, 분석, 예측, 계획안 마련을 위해 무엇을 준비해야 되는지 개략적인 큰 흐름을 파악하는 단계로, 이때 준비할 정보와 자료가 무엇이며 어디에서 얻을 수 있는지에 대한 목록을 작성한다.

〈2단계〉 수집된 자료의 분석단계이다. 농장설계에 사용할 수 있도록 수집된 자료를 분석한다. 이때 작성된 자료의 작성자와 조사대상, 조사방법 등이 다를 경우 조사 결과가 전혀 다르게 나타나는 경우가 많기 때문에 이와 같은 상황을 고려하여 분석해야 한다.

〈3단계〉 계획안의 작성단계이다. 먼저 계획안에 포함될 내용을 논리적 순서나 주제별로 대분류하여 계획안에 포함시킬 전체적인 틀을 구상한다. 주제별로 각종 계획안들의 내용을 쉽게 이해할 수 있도록 정리한다. 이때 도표, 그림, 수식, 그래프 등을 최대한 활용하면 용이하다. 투자분석과 민감도분석 등을 이용하여 최선안 선택을 위한 판단자료를 작성하며 다른 계획안이 있을 수 있는지를 재검토한다.

〈4단계〉 최선안의 선택단계이다. 각 계획안의 장·단점 분석 및 창업자의 여건 등을 파악하고 최선안을 선택한다.

〈5단계〉 계획안 완성단계이다. 최종안에 대한 정확성 및 신뢰도에 대하여 다시 한 번 검토하여 종합적으로 계획을 정리하여 최종안을 작성한다.

사업계획서 작성 시 기본적 주의사항은 첫째, 사업계획서가 정직하게 사실로 기술되었느냐이다. 사업계획서에서 의도된 거짓이 발견되면 창업 투자검토는 즉시 중단될 수 있다. 또한, 많은 전문용어를 피하는 것이 좋으며 기술적인 용어나 약어 등을 사용할 경우 반드시 별도로 설명한다.

둘째, 사업계획서에서는 제품보다는 시장에 포커스를 맞추어 사업계획서를 작성해야 한다. 간혹 제품의 우수성을 강조하다가 시장을 무시하게 되는 경향이 있다. 시장에서 해당 제품에 대해 어떤 반응을 보일지를 설명하고 고객 반응이나 진행 중인 계약 등을 통해 시장침투능력을 제시하는 것이 좋다.

셋째, 사업계획서는 농장 경영주가 작성하는 것이나 투자자의 입장에서 투자결정을 내리는 위치로 바꾸어 생각하여 작성한다. 사업계획서는 한번 작성되면 끝이 아니라 상황에 따라서 새로운 요소나 변수가 발견될 경우 이것을 참고로 점검하여 계속적으로 수정하고 작성해 나가야 한다.

넷째, 사업계획서는 농장 경영주 자신이 가지고 있는 비전과 목표, 전략을 제3자에게 설득시키는 데 그 목적이 있다고 할 수 있다. 따라서 경영주 자신이 자만하지 않고 객관성을 지니며 자신감을 가져야 한다. 특히, 자금조달운영계획에 있어서 정확하고 실현가능성을 확보해야 한다. 추측이나 가정은 배제해야 하며, 소요자본이나 운영비를 너무 적게 예측하지 않아야 한다.

다섯째, 다른 농장과 다른 자기 농장만의 아이템 핵심을 중점적으로 부각시키고 그것이 기술적 내용일 경우라도 투자자 및 관련 관계자들이 알아보기 쉽게 작성한다.

02 사업계획서 작성내용

2.1 농장현황소개

농장현황 파악을 위해서는 농장 경영인에 관한 일반사항 및 사업과 관련된 특이사항을 전부 기록할 뿐 아니라 농장에 대해 알 수 있는 모든 사항을 기록한다. 이 항목에서는 특히 주요재배작물 및 그에 따른 주요시설과 재배기술 등에 중점을 두고 자세히 기록하도록 한다.

농장에 대한 현황에는 농장경영주와 농장으로 구분하여 현황을 제시할 필요가 있다. 농장 경영주 관련 일반현황에서는 농장 경영주에 대한 신상기록부뿐만 아니라, 창업하고자 하는 농작물에 관한 경영주의 능력을 알아 볼 수 있는 경력, 자격증, 특허 등 우수성을 보일 수 있는 사항 또한 포함하여 기록한다.

농장 및 재배작물과 관련한 일반현황은 창업하고자 하는 농작물과 관련된 사항으로 생산작물, 재배시설, 기자재 등을 객관적이고 논리적으로 서술한다.

표 11-3 | 농장 경영주 일반현황

	항목	내용
①	경영주 성명	
②	농장명 및 설립일	
③	주요 생산작물	
④	연락처	주소(농장소재지)/전화번호/E-메일, 홈페이지 주소(카페 또는 블로그)
⑤	경영주 학력	기간/학교명/전공
⑥	교육 이수여부	과정명/교육기간/교육기관명
⑦	자격증 및 연수실적	자격증/교육기간/교육 및 발급기관
⑧	수상실적	상훈명/훈격/수상기관/수상일자
⑨	특허출원	특허출원 건수 및 날짜/내용/특허번호
⑩	융자 및 보조금	정책사업명/총사업비/정부 보조금 또는 융자금
⑪	참고 사항	사업관련 자료만 포함

표 11-4 농장 일반현황

	항목	내용
①	농작물 생산현황	경영규모, 경영형태, 재배면적, 재배작목, 생산품목
②	농작물 재배시설 현황	주요시설 표기 및 시설별 면적, 신조가, 시설연도, 용도
③	농기자재 현황	자재명, 수량, 구입가, 구입연도, 용도
④	매출액 및 소득	원단위
⑤	판매처	%로 구분하여 표기

2.2 영농환경분석

영농환경분석에는 농장을 둘러싼 지리적·사회적·경제적 환경까지 모두 포함하여 기술한다.

2.2.1. 지리적 환경

재배하고자 하는 작물에 맞춰 현재 농장의 기상환경이나 농장의 지형, 농장의 토양 조건, 수리조건, 경지정리 상태, 재해현황 등을 객관적으로 작성한다.

예를 들면, 농장은 경사지가 없고 포장도로로 되어있으며 연동 하우스 시설의 방향 은 남북동으로 되어 있다. 토양조건은 미사질양토이고 비옥도는 딸기 생산의 적지이며 토심은 깊은 토양이다. 또한 수리조건은 지대가 높고 관개 수리시설이 잘 되어 있어 홍 수 피해가 없으며 지하관정을 이용할 수 있다.

표 11-5 농장의 지리적 환경

기상 환경	농장 지형	토양 조건	수리 조건	경지정리 상태	재해 현황	기타 사항

2.2.2. 사회적 경제적 환경

농장 접근성이 어떤지, 농산물 출하시장과의 거리는 얼마나 되는지 해당지역 주요 농산물 생산현황 등에 관해 파악하여 기록한다.

표 11-6 농장의 사회적·경제적 환경

농장 접근성	모든 농기계, 차량 통행 가능
농산물 출하시장과의 거리	농산물 출하시장까지의 이동경로와 거리 시간 등을 구체적으로 기술
해당지역 주요 농산물 생산현황	딸기와 토마토 생산량이 전국 1위 생산지역이다.
기타사항	영농법인을 이용하여 딸기 공동출하

2.2.3. 시장환경 분석

시장환경을 파악하기 위해서는 시장동향분석, 소비동향분석, 생산·판매·유통분석, 경쟁분석 등이 이루어져야 한다.

시장동향분석에서는 시장의 성장추이와 더불어 수출입 동향까지도 파악하여 시장 규모 및 성장률과 시장전망을 예측한다.

소비동향분석이 필요한 이유는 사회적·경제적 환경변화에 따라 소비 트렌드도 함께 변화하기 때문에 소비트렌드에 맞춘 소비동향 파악이나 고객 분석이 중요하다. 예를 들어 고령화, 핵가족화, 여성경제활동 증가, 여가시간 증가 등의 사회변화로 소비자들의 기호가 웰빙지향적이며 편의를 추구하고 가성소비가 늘고 있어 이에 맞춘 건강식품화와 쉽고 간편하게 섭취할 수 있는 가공식품이 선호되는 추세이다. 또한 외식분야, 오프라인, 온라인, 수출 등에 맞춘 고객 분석으로 고객 맞춤별 상품화가 이루어져야 한다.

생산량, 생산액, 생산농가 등의 생산동향과 판매수량, 판매금액 등의 판매동향에 대한 파악이 이루어져야 하며, 판매가격 추이나 품목별 유통경로를 파악하는 것은 매우 중요하다.

경쟁농가의 품질면이나 가격, 유통, 촉진, 위생시설 등을 파악하는 것 또한 영농창업을 위한 시장환경 분석에 있어 중요하다.

2.2.4. SWOT 분석

SWOT 분석은 미국의 경영컨설턴트인 알버트 험프리에 의해 고안된 분석으로 농장의 내부환경과 외부환경을 분석하여 강점(Strength), 약점(Weakness), 기회(Opportunity), 위협(Threat) 요인을 규정하고 이를 토대로 농장경영 전략을 수립하는 기법이다. 이 분석은 외부로부터 온 기회는 최대한 살리는 동시에 위협은 회피하는 방향으로 본인의 강점을 활용하고 약점을 보완한다는 논리이다.

ⅰ) 강점 – 농장 내부환경(농장의 경영자원)의 강점

ⅱ) 약점 – 농장 내부환경(농장의 경영자원)의 약점

ⅲ) 기회 – 외부환경(경쟁, 고객, 거시적 환경)에서부터 온 기회

ⅳ) 위협 – 외부환경(경쟁, 고객, 거시적 환경)에서부터 온 위협

SWOT 분석은 농장의 내부환경 분석을 통한 강점과 약점의 파악으로 농장의 전체적인 상황을 평가하는 데 용이하며, 농장의 외부환경 분석을 통해 기회요인과 위협요인을 파악하게 되므로 상황에 따른 적절한 농장전략을 수립할 수 있다.

표 11-7 | SWOT 분석사례

강점	약점
• 우수한 품종 확보 • 친환경 인증 획득 • 특허 및 독자적인 기술 확보 • 안정적인 공급처 확보	• 조직체계 미흡 • 브랜드의 소비자 인식도 미흡 • 생산규모의 한계 • 유통가격이 높음
기회	**위협**
• 보유기술의 보호 및 활용 증대 • 정책 지원형 사업 • 수출유망사업 • 웰빙에 맞춰 소비자 인지도 상승 • 부자재 원료공급가격하락요인 발생	• 수입농산물과의 경쟁 • 경기침체 • 시장가격의 경쟁력 약화

2.3 영농계획수립

농장을 처음 시작하는 농업경영인이라면 농장설계에 포함할 내용과 구성요소 그리고 계획 등의 작성순서가 어떠한 목적으로 어떻게 작성되며 현장에서 어떻게 활용될 수 있는가를 알아야 한다. 농장설계는 활용하고자 하는 농업기술에 바탕을 둔 중장기 계획 및 단기계획을 작성해야 한다.

2.3.1. 영농목표

장기적인 관점에서 농장이 갖추어야 할 자세와 목적을 구체화하여 작성해야 한다. 경영의 기본 방향과 방침, 공유가치, 사고와 행동양식 및 규범, 향후 지속적인 성장과 발전을 위한 경영비전을 제시해야 한다. 명확한 목표설정이 성공의 밑거름이라고 볼 만큼 구체적인 목표설정과 그에 따른 계획은 매우 중요하다.

피터드러거는 경영목표의 설정에 대해 다음과 같은 SMART한 목표설정 원칙을 추천하고 있다.

표 11-8 ┃ 목표 설정 방법

Ⓢ pecific	목표 달성을 위한 구체적인 활동과 세부내용
Ⓜ easurable	측정 가능한 목표 달성여부
Ⓐ mbitious	달성 가능한 목표수준
Ⓡ eachable	현실에 기반한 목표수준
Ⓣ ime-bound	반드시 마감시간이 설정된 목표

목표는 목표계획기간 중 농업경영인이 이루고자 하는 것을 숫자로 구체적 특정시점과 목표지점을 명시화하는 것을 의미한다. 목표설정을 '전문농업경영인이 된다'와 같은 막연하고 추상적인 것이 아니라 '2026년까지 연매출 10억을 달성하는 전문농업경영인이 된다'와 같이, 구체적으로 작성함으로써 어떤 특정 시점(2026년)까지 성취해야 할 목표지점(연매출 10억)을 명확히 해야 한다.

2.3.2. 생산계획

목표가 설정되면 목표에 도달할 수 있는 방법들을 고려한 계획안을 작성한다. 예를 들어 목표 연매출 10억을 달성하는 경영방식에는 다양한 계획안이 있을 수 있다. 한 작목을 재배하는 단일경영 계획을 작성할 것인지 또는 여러 작목을 재배하는 복합경영 계획을 작성할지를 검토해야 한다.

2.3.2.1. 재배작목 선택

재배작목의 선택은 농업경영인의 생산공간이 그 작물의 생산에 적합한지를 검토하는 생산공간에 대한 분석과 그 작물의 생산으로 얻을 수 있는 소득 추정 등의 경제성 측면, 농업경영인의 보유기술 및 영농기반 등을 고려하여 결정하여야 한다.

영농지역에서 재배하기에 알맞은 농작물을 파악하고 이들 작목에 대한 경제적인 전망 등이 분석되고 나면 1~2개 작목을 전문화할 것인지 3개 이상의 품목을 복합하여 재배할 것인지 결정하여야 한다. 영농형태에는 본인의 농업자원을 최대한 활용하여 가장 효율적이고 효과적으로 소득을 극대화할 수 있는 영농형태를 선택하면 된다. 일반적으로 생산의 계절성이 큰 토지 이용형 농업의 경우 복합영농을 취하는 경우가 많고, 가공·유통 분야까지 사업범위가 확대된다. 연중 노동력을 활용할 수 있는 경우에는 시설경영이나 축산경영으로 전문화하는 것이 바람직하다.

2.3.2.2. 재배작목 작부체계도

해당 작물의 작부체계도를 작성하면 해당 작물의 생산측면과 비용측면을 동시에 관리하기 편리하다. 작물재배에는 기본적으로 필요한 작업들이 있으며 이들 작업들을 월별로 정리하면 각 작업에 필요한 노동과 자본이 필요한 시기와 물량 등을 월별로 편리하게 관리할 수 있다. 또한 생산시기도 예측할 수 있어 월별 생산량 등도 예측하기 편리하다. 작목에 따라서는 생산 시기별 판매가격이 다른 경우가 많다. 특히 계절별 작형이 달라지는 엽근채소류와 과채류 등은 연간 생산량을 결정하는 것 못지 않게 월별 생산량을 결정하여 생산량을 관리할 필요가 있다.

| 표 11-9 | 딸기 작부체계 |

	1	2	3	4	5	6	7	8	9	10	11	12
런너받기					■							
육묘					■	■	■				■	■
퇴비및경운								■				
멀칭및정식									■			
유인	■	■	■	■								
물관리	■	■	■	■					■	■	■	■
수확및출하	■	■	■	■							■	■
밭정리						■	■	■				

2.3.2.3. 토지 및 시설의 확보와 운용

토지 및 시설 없이는 농작물을 생산할 수 없을 뿐 아니라 이 생산요소에서 가장 많은 자본이 소요되므로 농업경영에 있어 가장 중요하다. 따라서 영농 계획 시 토지확보에 다음과 같은 사항을 고려하여야 한다. 첫째, 선정 농작물의 최적 생육조건에 적합한 토지의 선정, 둘째, 확보해야 할 토지면적의 결정, 셋째, 토지를 확보하는 방법의 결정이다.

| 표 11-10 | 작부체계의 구성 및 작업 일정표 |

작목 (면적)	1월			5월			· · ·			10월			11월			12월		
	상	중	하	상	중	하	상	중	하	상	중	하	상	중	하	상	중	하
벼 (300평)				모심기						수확								
...																		
합계																		

영농규모에 알맞은 농기계의 선택이 중요하며 자신의 영농여건이나 영농기술 등이 일반 농가와 비교하여 어떤 수준인지 잘 파악하여 농업기계화의 정도를 선택하여야 한다. 또한 기계나 시설 장치와 같은 고정자산에 대한 투자가 이루어진 뒤의 이용률과 가동률을 충분히 고려하여야 한다. 왜냐하면 시설의 이용률 또는 가동률이 바로 고정자본의 생산성과 투자 수익률을 결정하는 요인이기 때문이다.

2.3.3. 소요자금의 산출과 원리금 상환계획

시설의 위치와 설계도가 결정되면 농지구입 및 시설·기계설치에 소요되는 자금을 산출하여야 한다. 만약 중장기 자금 지원을 받아 농지 및 시설이나 농기계에 대한 투자를 한 경우 원리금 상환 계획을 작성한다. 그리고 1차년도 소요자금 총액은 각각에 대한 1차년도 상환액 합계에 연간 경영비를 합하여 계산한다.

표 11-11 자산 현황   (단위: 천 원, 년)

		규격	구입 가격	현재 가격	내용 연수	감가 상각비
재배 시설	시설하우스	16,500㎡	300,000	300,000	10	27,000
대농 기구	트랙터	38마력	20,000	20,000	10	1,800
	무인방제기		25,000	25,000	10	2,250
	양액공급기		24,000	24,000	10	2,160
토지		19,800㎡	600,000	600,000		

표 11-12 농장 소요자금 및 조달방법   (단위: 천 원)

	자기자본	부채	계
재배시설	300,000	–	300,000
대농기구	69,000	–	69,000
토지	600,000	–	600,000
현금	31,000	100,000	131,000
계	1,000,000	100,000	1,100,000

정책자금을 3년거치 7년균등분할로 조달할 경우 연도별 원리금 상환계획은 다음과 같다. 3년차까지는 이자 3,000천 원만 지급하고 4년차부터는 이자와 원금상환액이 16,051천 원씩 균등하게 상환한다.

표 11-13	원리금 상환계획				(단위: 천 원)
종류	융자시기	융자액	융자조건	이자율	균등분할상환액
후계자자금	2019년	100,000		3%	−₩16,051

종류	융자잔액	상환원리금			상환연도
		이자	원금상환	계	
2019	100,000	3,000		3,000	
2020	100,000	3,000		3,000	
2021	100,000	3,000		3,000	
2022	86,949	3,000	13,051	16,051	
2023	73,507	2,608	13,442	16,051	
2024	59,662	2,205	13,845	16,051	
2025	45,401	1,790	14,261	16,051	
2026	30,712	1,362	14,689	16,051	
2027	15,583	921	15,123	16,051	
2028	0	467	15,583	16,051	

2.3.4. 노동력 이용계획

영농이 기계화, 자동화되면서 농업 인력의 수요도 과거 단순 노동력 위주에서 이제는 농기계 운전, 시설장비의 점검·정비 등의 다기능을 보유한 전문 인력 수요가 증가하는 실정이다.

농업노동력 특성에 비추어 경제적인 농업 노동력 활용원칙은 첫째, 연중 가용노동력을 최대한 생산 활동에 활용하여야 한다. 즉, 농한기 없는 작부체계의 설계가 중요하다. 둘째, 노동의 효율성 증대이다. 이것은 단위시간에 많은 일을 할 수 있도록 하여야 한다는 것이다. 노동의 효율성 증대를 위해 기계화, 자동화 등의 투자를 증대하거나 작업방법개선 및 효율적인 작업계획을 수립하여 낭비 작업시간을 최대한 줄이려는 노력이 필요하다.

노동 소요량은 작목의 재배형태, 생산기반 조성상태, 농기계나 시설의 성능 등에 따라 많은 차이가 나므로 작업단계별 단위 면적당 노동력 소요량을 파악해야 한다. 작업단계별 노동력 소요량 계산 절차는 다음과 같다.

첫째, 작업별10a당 소요 노동시간이 산출되면 연중 작업단계별 소요 노동시간을 추정한다.

$$소요\ 노동시간 = 10a(1,000㎡)당\ 소요노동시간 \times 재배면적/1,000$$

둘째, 작업단계별 소요 노동시간을 계산하고 기간별로 노동시간을 배분한다.
셋째, 작목별로 노동시간을 계산한 후 전체 작목에 대한 총 노동시간을 계산한다.

$$가족노동시간 = 농업참여인원 \times 작업일수 \times 1일작업시간$$

넷째, 고용노동시간 계획을 작성한다.

$$고용노동시간 = 총\ 노동시간 - 가족\ 노동시간$$

다섯째, 고용 노동시간 계획이 수립되면 인건비를 계산한다. 자가인건비와 고용인 건비는 각각 가족노동시간과 고용노동시간에 시급을 곱하여 계산한다.

표 11-14 | 월별 인건비 조달 계획

작목	구분	1				11			12		
		현금	현물	계		현금	현물	계	현금	현물	계
A	자가노력비										
	고용노력비				···						
	계										
B	자가노력비										
	고용노력비										
	계										
총계											

주 1: 노무비는 노동을 제공한 대가로 지급하는 비용으로 급여, 상여금, 퇴직금, 복리 후생비, 잡급(일용직)으로 구성.
  2: 소요노동시간은 연차별로 동일하게 적용하되 인건비 단가는 매년 물가상승률을 적용하여 산출.

2.3.5. 영농자재계획

농장설계에는 영농자재의 구입 및 관리계획에 농작물의 생육단계별 농작업에 필요한 자재의 선택, 구입시기, 구입량 및 구입단가, 방법 등의 결정이 포함된다.

총 자재소요량 = 단위면적(10a)당 자재소요량 × 재배면적
총 소요금액 = 총 자재소요량 × 구매단가

영농자재 구입시기와 구입량을 결정한다. 이때 시기별 자재 구입량 및 필요한 자금을 추정하는 자재조달 계획을 세운다. 자재 구입 방법에는 민간자재상, 농협 공동구매, 생산 공장과의 직접 계약 등의 방법이 있다. 영농자재는 여러 번에 걸쳐 구입하기보다는 재고 관리를 통한 효율적 사용이 더욱 중요하며, 경영비를 절약할 수 있고 생산성을 높일 수 있는 새로운 자재의 사용도 고려되어야 한다.

표 11-15 영농자재 계획 작성양식

항목	수량 /10a	면적	총량	단가	금액	구매시기		
						1차	2차	3차
1. 종자비								
2. 무기질비료								
3. 영양제								
4. 유기질비료								
5. 농약								
6. 광열동력비								
7. 수리비								
8. 제재료비								
9. 소농구비								
10. 수선비								
11. 임차료								
12. 기타요금								
13. 계								

주 1: 작목별로 작성
   2: 동일 작물을 계속 재배 시 재배횟수를 고려한 연면적으로 계산하거나 1회 재배한 비용에 재배 횟수를 곱하여 계산

2.3.6. 농산물 판매계획

농산물을 언제, 어디에서, 어떻게 그리고 어떤 형태로 팔 것인가에 대한 판매계획 수립이 필요하다. 즉, 판매시기, 판매장소 및 판매방법, 판매형태에 대한 계획수립이다.

판매시기란, 농산물의 최적 판매시기를 의미하며 최적판매시기를 결정하기 위하여 시장 상황을 잘 예측하여야 한다. 농산물의 경우는 생산시기와 시장에서 높은 가격을 받을 수 있는 시기를 맞추는 것이 가장 효율적이다. 또한 자금조달 능력이나 농산물 지연에 따른 보관비용 등 판매시기에 따른 수익과 비용을 타진하여 판매시기를 적절히 조정해야 한다. 판매장소와 판매방법은 주거래 대상자가 누구인지 등급, 규격, 포장형태에 따른 거래물량, 출하비용, 가격조사 등이 필요하며, 이는 어느 지역에서 경매에 응할 것인가 또는 직거래를 할 것인가의 판매방법 관계를 말한다. 판매형태는 어떤 형태로 팔 것인가의 문제로 상품의 질, 선별, 포장, 가공 등 시장에 출하할 때 판매 가치를 갖춘 상품의 상태를 뜻한다.

딸기의 유통경로를 보면 도매상을 통해 출하되는 것과 생산농가가 직접 대형유통업체로 출하하는 경로로 나뉜다. 도매상을 통해 출하하는 비중이 68%로 대부분을 차지하고 있는데 도매상을 통해 소매상, 대형유통업체 등으로 분산되는 것이 주된 유통경로이다. 과거에 비해 대형유통업체로 직접 출하되는 비율이 꾸준히 증가하고 있는 추세이다. 또한 도시가 인접하여 유동 인구가 많은 딸기재배 지역의 경우에는 직판 및 체험 형태로 직거래되는 비율이 높다.

그림 11-1 | **딸기의 유통경로**

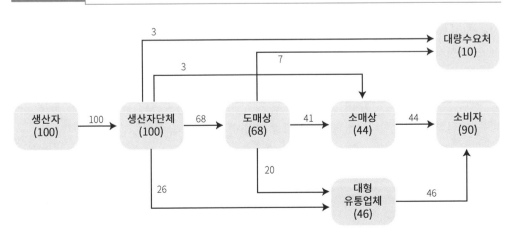

주: 단위는 %.
자료: 한국농수산식품유통공사 품목별 유통실태, 2011

농산물 출하를 계획하는 도매시장별 월별 반입비중과 월별가격을 참고로 판매시기와 판매장소를 선정한다.

그림 11-2 | 딸기 도매시장 월별 반입비중과 가격 추이

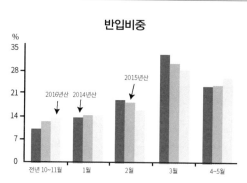

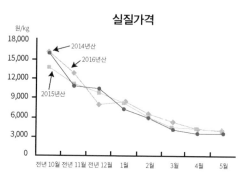

주: 반입량 및 가격은 서울가락도매시장 실적자료이며, 가격은 월별 생산자물가지수로 디플레이트함.
자료: 한국농촌경제연구원 농업관측센터, 과채관측월보

최근 3년간 월별 반입비중을 살펴보면, 딸기 출하 초기인 10~12월 반입비중이 증가하고 있다. 촉성 작형인 설향의 정식 비중이 확대되었고, 많은 농가가 출하 초기 높은 가격을 받기 위해 정식을 앞당기고 있다.

딸기 실질가격은 2014년부터 반입량 증가로 하락하는 추세였으나, 2016년산은 딸기 작황 부진으로 반입량이 감소하여 전년산보다 7% 높게 형성되었다.

따라서, 안정적인 판로확보를 위해서는 공동출하장을 이용하여 판매할 필요가 있다. 그러나 다수확 시기인 1~2월을 제외하고는 공동출하장이 운영되고 있지 않기 때문에 도매시장에 딸기를 출하한다.

월별 판매금액은 월별가격에 월별판매량을 곱하여 계산한다. 월별가격은 판매시기별 최근 3~5년간 도매가격의 평년가격을 적용하여 계산하고 판매량을 생산량에 상품화 비율을 곱하여 계산한다. 월별판매금액을 추정하면 다음과 같다.

표 11-16 월별 딸기 판매량과 판매금액

수확시기	생산량(kg)	판매량(kg)	단가(원/kg)	판매액(천 원)
12월	2,833	2,408	12,800	30,827
1월	2,833	2,408	12,580	30,297
2월	2,833	2,408	10,850	26,130
3월	2,833	2,408	8,986	21,641
4월	2,833	2,408	7,817	18,826
5월	2,833	2,408	6,659	16,037
계	17,000	14,450		143,758

2.4 재무예측

사업계획서 작성의 마지막 단계는 지금까지 작성한 생산과 판매계획 등의 모든 요소들을 종합하여 사업이 어느 정도의 수익성을 얻을 수 있는지를 파악하는 재무제표를 작성한다.

재무제표는 회계상 재무현황을 기록한 문서로서 원가계산서, 손익계산서, 재무상태표(대차대조표), 현금흐름표 등이 있다.

2.4.1. 생산원가

생산원가는 재료비, 노무비, 경비로 구분된다. 재료비는 농산물을 생산하는 데 투입된 영농자재비용이며 종자·종묘비, 비료비, 농약비, 제재료비가 해당한다. 노무비는 인건비에 해당하며 영농형태에 따라 노무비 계산 항목에 차이가 있을 수 있다. 개인 농가는 경영주를 제외한 고용인건비를 노무비에 포함시키지만 법인체는 법인대표도 급여를 받기 때문에 노무비에 자가인건비에 해당하는 항목이 포함된다. 생산원가가 생산물을 생산하는 데 투입되는 원가를 정의한다면 생산활동에 포함된 자가인건비도 노무비에 포함시킬 필요가 있다. 경비는 감가상각비, 수선유지비, 수도광열비, 소농구비, 임차료, 위탁영농비 등으로 구성된다.

그림 11-3 　원가계산서 (단위: 천 원)

과목	2019년	2020년	2021년	2022년	2023년
Ⅰ. 영농자재비	17,352	18,046	18,768	19,518	20,299
Ⅱ. 노무비	33,093	34,416	35,793	37,225	38,714
1. 상용직인건비	5,188	5,396	5,611	5,836	6,069
2. 일일고용 인건비					
3. 자가 인건비	27,905	29,021	30,182	31,389	32,645
Ⅲ. 경비	46,126	46,357	46,598	46,848	47,108
1. 감가상각비	33,210	33,210	33,210	33,210	33,210
가. 영농시설	27,000	27,000	27,000	27,000	27,000
나. 대농기구	6,210	6,210	6,210	6,210	6,210
2. 수선 유지비	7,140	7,140	7,140	7,140	7,140
3. 수도광열비	5,748	5,978	6,217	6,466	6,725
4. 소농구비	28	29	30	32	33
5. 임차료	–	–	–	–	–
6. 위탁영농비	–	–	–	–	–
7. 기타경비					
Ⅳ. 당기 총 생산원가	96,571	98,820	101,159	103,591	106,121
Ⅸ. 당기생산물생산원가	96,571	98,820	101,159	103,591	106,121

2.4.2. 손익계산서

　　손익계산서는 일정 기간의 수익과 비용을 정리한 표이다. 회계기간 동안에 발생한 수익과 비용이 분개·기록되어 각 계정에 전기·집계된 결과가 일정한 형식으로 표시된 집계표가 손익계산서이다. 손익계산서는 일정기간 동안의 수익과 비용을 집계한 재무제표로써 손익의 규모, 구성, 내용, 경영의 성과, 내용 등을 파악할 수 있다. 손익계산서 등식은 비용 + 순이익 = 수익이다.

　　손익계산서를 구성하는 항목은 ① 매출액, ② 매출원가, ③ 매출총이익, ④ 판매 및 관리비, ⑤ 영업이익, ⑥ 영업외 수익 및 비용, ⑦ 세금차감전 손익, ⑧ 세금, ⑨ 당기순이익의 순서이다.

　　매출액은 1년간의 농장 매출액을 주산물과 부산물로 구분하여 작성하지만 대부분이 주산물 매출액으로 구성된다.

　　매출원가는 매출액에 직접 대응되는 비용으로 상품 제조원가이다.

　　매출총이익은 매출액에서 매출원가를 제외한 금액이다.

판매 및 관리비는 대부분 영업과 관련하여 발생하는 비용으로 포장비와 운반비가 대부분을 차지한다.

영업이익은 매출총이익에서 판매 및 관리비를 제외한 금액이다. 영업이익은 정상적인 영업활동으로 달성된 사업의 순수한 성과이다.

영업외 수익 및 비용은 정상적인 영업활동과 직접적인 관련이 없는 비용과 수익이다.

세금차감전 손익은 영업이익에서 영업외 수입 및 비용을 제외한 손익이다.

세금은 농업경영체가 지불하는 법인세 또는 소득세이다.

당기순이익은 세금차감전 손익에서 세금을 제외한 금액이다.

| 그림 11-4 | 손익계산서 | | | | (단위: 천 원) |

20××.1.1.~20××.12.31.　　　　　　　　　　　　　　　　　　　　　　　　　　　　　　○○농장

과목	2019년 1월1일~12월31일	2020년 1월1일~12월31일	2021년 1월1일~12월31일	2022년 1월1일~12월31일	2023년 1월1일~12월31일
Ⅰ. 매출액	143,758	149,836	154,117	160,967	167,816
1. 생산물 채출	143,758	149,836	154,117	160,967	167,816
2. 부산물 매출					
Ⅱ. 매출원가	96,571	98,820	101,159	103,591	106,121
생산물 매출원가	96,571	98,820	101,159	103,591	106,121
Ⅲ. 매출총이익	47,187	51,016	52,958	57,376	61,696
Ⅳ. 판매비와 관리비	1,586	1,650	1,716	1,784	1,856
1. 포장비	835	868	903	939	977
2. 운반비	751	781	813	845	879
Ⅴ. 영업이익	45,601	49,366	51,243	55,591	59,840
Ⅵ. 영업외 수익	0	0	0	0	0
1. 토지/농기계 임대로					
2. 보조금	0	0	0	0	0
3. 배당금					
Ⅶ. 영업외 비용	3,000	3,000	3,000	3,000	2,608
1. 이자비용	3,000	3,000	3,000	3,000	2,608
2. 기타					
Ⅷ. 세금차감전 순익	42,601	46,366	48,243	52,591	57,231
(경상이익)					
Ⅹ. 세금	0	0	0	0	0
1. 공과금 등	0	0	0	0	0
2. 법인세 등					
ⅩⅠ. 당기순이익	42,601	46,366	48,243	52,591	57,231

2.4.3. 대차대조표

대차대조표는 일정시점에서의 재산상황을 정리한 표이며 회계기간에 변화한 재산의 증감상태를 정리한 일람표이다. 대차대조표는 자산, 부채, 자본이라는 3개의 요소로 구성되어 있다. 대차대조표는 차변(대차대조표의 왼쪽)과 대변(대차대조표의 오른쪽)으로 구분하여 비교하며 차변에는 자산을 기입하고 필요한 자금원인 부채(타인자본)와 자본(자기자본)은 대변에 기입한다. 대차대조표의 차변(자산의 합계)과 대변(부채와 자본의 합계)은 반드시 일치한다.

2.4.4. 현금흐름표

현금흐름표는 자금조달 부분과 자금운영부분으로 구분하여 현금의 흐름을 정리한 표이기 때문에 현금 흐름과 관련이 없는 감가상각비는 제외한다.

그림 11-5 대차대조표

(단위: 천 원)

과목	2019년 1월 1일 현재	2019년 12월 31일 현재	2020년 12월 31일 현재	2021년 12월 31일 현재	2022년 12월 31일 현재	2023년 12월 31일 현재
자산						
Ⅰ. 유동자산	131,000	206,811	286,387	367,840	440,591	517,590
1. 당좌자산	131,000	206,811	286,387	367,840	440,591	517,590
2. 재고자산						
(1) 생산물						
(2) 생장물						
(3) 원재료						
(4) 저장품						
Ⅱ. 비유동 자산	969,000	935,790	902,580	869,370	836,160	802,950
1. 설비자산	369,000	335,790	302,580	269,370	236,160	202,950
(1) 농기계	69,000	62,790	56,580	50,370	44,160	37,950
(2) 시설	300,000	273,000	246,000	219,000	192,000	165,000
(3) 기타						
2. 생물자산						
3. 성장중인 생물자산						
4. 토지	600,000	600,000	600,000	600,000	600,000	600,000
(1) 논	0	0	0	0	0	0
(2) 밭	600,000	600,000	600,000	600,000	600,000	600,000
자산 총계	1,100,000	1,142,601	1,188,967	1,237,210	1,276,751	1,320,540

과목	2019년 1월 1일 현재	2019년 12월 31일 현재	2020년 12월 31일 현재	2021년 12월 31일 현재	2022년 12월 31일 현재	2023년 12월 31일 현재
부채						
Ⅰ. 유동부채						
Ⅱ. 비유동 부채	100,000	100,000	100,000	100,000	86,949	73,507
(1) 융자금	100,000	100,000	100,000	100,000	86,949	73,507
부채 총계	100,000	100,000	100,000	100,000	86,949	73,507
자본						
Ⅰ. 전년말 자본금	1,000,000	1,000,000	1,042,601	1,088,967	1,137,210	1,189,801
Ⅲ. 당기순이익		42,601	46,366	48,243	52,591	57,231
자본 총계	1,000,000	1,042,601	1,088,967	1,137,210	1,189,801	1,247,033
부채와 자본 총계	1,100,000	1,142,601	1,188,967	1,237,210	1,276,751	1,320,540

그림 11-6   연차별 자금운용계획(현금흐름) (단위: 천 원)

구분		연도별					비고
		2019년	2020년	2021년	2022년	2023년	
조달	판매대금	143,758	149,836	154,117	160,967	167,816	
	부산물 매출						
	수입 수수료						
	영업외 수입						
	사업착수금	1,00,0000					
	자산매각대금						
	기타수입						
	융자금	100,000					
	소계(B)	1,243,758	149,836	154,117	160,967	167,816	
지출	농지구입	600,000					
	시설투자	300,000					
	농기계투자	69,000					
	당기총생산 원가	63,361	65,610	67,949	70,381	72,911	
	판매 및 일반관리비	1,586	1,650	1,716	1,784	1,856	
	영업외 비용	3,000	3,000	3,000	3,000	2,608	
	원리금상환	0	0	0	13,051	13,442	
	소계(A)	1,036,947	70,260	72,664	88,216	90,817	
수지균형(C)		206,811	79,576	81,453	72,751	76,999	
누적수지균형 (D=전년도(D)+금년도(C))		206,811	286,387	367,840	440,951	517,590	

Chapter 12

품목별 경영관리

품목별 경영관리

 Chapter

01 농림업 생산현황

    2020년도 농림업 생산액은 52조 2천억 원으로 2010년 농림업 생산액 47조 6천억 원 보다 9.6% 증가하였다.

    2020년도 농업생산액은 농림업 생산액 52조 2천억 원 가운데 96%를 차지하고 있으며 또한 농업 생산액의 59%는 재배업이 그리고 41%는 축산업이 차지하고 있다.

    생산액 변화추이를 품목별로 살펴보면 식량작물, 과실, 특용, 축산업, 임업의 2020년 품목별 생산액은 2010년 생산액보다 증가하였으나, 채소, 약용, 화훼, 버섯, 전매(담배와 인삼), 볏짚의 2020년 생산액은 2010년 생산액보다 감소하였다.

    2020년도를 기준으로 농림업 생산 품목 가운데 생산액이 가장 많은 상위 10개 품목은 미곡, 돼지, 한우, 우유, 닭, 계란, 딸기, 사과, 감귤, 양파 품목으로 조사되었다. 이들 상위 10개 품목은 2015년부터 일부 품목의 변경은 있지만 대부분 비슷한 추이를 보이고 있다.

    2020년 생산액이 많은 상위 10개 품목이 차지하는 생산액은 2020년도에 31조 5천억 원으로 2019년 농업생산액 52조 2천억 원의 60%를 차지하고 있다.

| 표 12-1 | 농림업 생산액 | | | | (단위: 천억 원) | |

구분	2010	2014	2016	2018	2020
농림업	475.7	510.4	495.4	525.2	521.5
농업	457.2	486.7	472.8	500.5	501.4
재배업	282.5	297.9	279.8	302.7	297.7
식량작물	85.3	99.0	80.1	107.3	104.8
채소	113.2	114.2	115.4	115.3	112.4
과실	41.0	42.5	45.0	45.1	45.7
특용	5.2	6.6	7.3	5.9	6.4
약용	9.1	10.9	11.1	8.5	7.4
화훼	8.5	7.0	5.6	5.4	5.2
버섯	6.0	4.6	3.8	3.4	4.0
전매	10.3	9.4	8.6	9.1	8.9
볏짚	3.9	3.7	3.0	2.7	2.8
축산업	174.7	187.8	192.3	197.3	203.5
임업	18.5	23.8	22.7	24.7	20.2

자료: 농림축산식품부, 농림축산식품 주요통계 2021

| 표 12-2 | 농림업 생산액 기준 상위 품목 | | | | | (단위: 천억 원) |

순위	2015		2017		2020	
	품목	생산액	품목	생산액	품목	생산액
1	미곡	77.0	돼지	73.4	미곡	84.5
2	돼지	69.7	미곡	66.2	돼지	71.8
3	한우	44.4	한우	44.4	한우	57.2
4	우유	22.9	닭	23.8	우유	22.0
5	닭	19.1	우유	21.3	닭	20.3
6	계란	18.4	계란	21.0	계란	16.3
7	사과	14.5	딸기	14.0	딸기	12.3
8	딸기	13.0	양파	11.2	사과	11.0
9	고추	10.0	마늘	11.2	감귤	9.9
10	토마토	9.9	사과	11.1	양파	9.4
	계	298.6		297.4		314.7

자료: 농림축산식품부, 농림축산식품 주요통계 2021

2.1 식량작물 생산 동향

식량작물 분야의 대표적인 품목으로는 쌀, 맥류, 잡곡, 두류, 서류가 있으며, 이들 식량작물 분야의 재배면적과 생산량은 2000년도부터 지속적으로 감소 추세에 있다.

2019년도 식량작물 분야 재배면적은 924천ha로 2000년 1,318천ha보다 29.9% 감소하였으며, 2019년도 생산량은 4,375천 톤으로 2000년 5,911천 톤보다 26.0% 감소하였다. 2020년도 식량작물 재배면적은 906천ha이며 생산량은 4,047천 톤으로 지속적으로 감소추세이다.

품목별 변화추이를 살펴보면 2019년 재배면적이 2000년 재배면적보다 감소한 품목은 쌀, 두류, 맥류로서 30% 이상 재배면적이 감소하였다. 반면에 잡곡과 서류는 재배면적이 약간 증가한 품목이다. 품목별 생산량 변화추이도 재배면적 변화추이와 비슷한 경향을 보이고 있다.

표 12-3 | 식량작물 재배면적 및 생산량 추이
(단위: 천ha, 천 톤)

		2000	2005	2010	2015	2019	2020
계	재배면적	1,318	1,234	1,095	983	924	906
	생산량	5,911	5,520	4,836	4,846	4,375	4,047
쌀	재배면적	1,072	967	892	799	730	726
	생산량	5,291	4,768	4,295	4,327	3,744	3,507
맥류	재배면적	68	61	51	44	47	40
	생산량	163	200	120	102	152	115
잡곡	재배면적	25	26	25	30	27	27
	생산량	75	86	85	99	101	113
두류	재배면적	107	118	83	69	72	67
	생산량	134	199	119	119	125	99
서류	재배면적	46	50	44	40	49	46
	생산량	248	266	216	199	252	213

자료: 농림축산식품부, 농림축산식품 주요통계 2020

2.2 양곡 수급 동향

    양곡의 2019년도 국내 수급 상황을 살펴보면 2019년도 국내 공급량은 23,410천 톤이 공급되었으며 이 가운데 21,042천 톤이 소비되고 2,368천 톤이 재고로 남아 2020년도로 이월되었다.

    2019년도 양곡의 국내 공급량은 국내 생산량이 4,417천 톤, 수입량이 16,114천 톤, 전년이월량이 2,878천 톤이었으며 수입량이 가장 높은 비중을 차지하고 있다. 쌀과 서류를 제외한 보리쌀, 밀, 옥수수, 콩 등의 작물은 국내생산량보다 수입량 비중이 높았

표 12-4   2019년도 양곡수급(잠정)   (단위: 천 톤)

구분		합계	쌀	보리쌀	밀	옥수수	콩	서류	기타
공급	계	23,410	5,603	400	3,751	11,582	1,522	211	341
	전년이월	2,878	1,442	52	497	745	121	−	21
	생산	4,417	3,868	137	15	78	89	201	29
	수입	16,114	292	211	3,239	10,759	1,312	10	291
	식용	5,185	292	201	2,030	2,142	289	10	221
	사료용	10,893	−	10	1,209	8,606	1,023	−	45
	기타	36	−	−	−	11	−	−	25
수요	계	21,042	4,705	297	3,296	10,865	1,350	211	318
	식량	4,504	3,070	73	1,074	74	88	116	9
	가공용	4,851	744	229	1,045	2,313	239	42	239
	식용	2,147	553	−	1,045	87	239	42	239
	양조용	478	191	229	−	−	−	−	−
	기타	2,226	−	−	−	2,226	−	−	−
	사료	11,337	453	10	1,168	8,631	1,015	20	40
	해외원조	51	51	−	−	−	−	−	−
	종자	57	31	4	1	−	3	14	4
	수출	2	2	−	−	−	−	−	−
	감모·기타	240	354	△19	8	△153	5	19	26
연말재고		2,368	898	103	455	717	172	−	23
1인당연간소비량(kg)		109.5	59.2	1.4	31.6	3.1	6.3	3.0	4.9
곡물자급도(%)		21.0	−	46.1	0.5	0.7	6.6	95.3	9.1
사료등제외수요		9,705	4,252	287	2,128	2,234	335	191	278
식량자급도(%)		45.8	92.1	47.7	0.7	3.5	26.7	105.2	10.4

자료: 농림축산식품부, 농림축산식품 주요통계 2020

다. 특히 사료용 옥수수 수입량이 8,606천 톤으로 가장 많았다. 2019년도 양곡 수요량은 사료용 11,337천 톤, 가공용 4,851천 톤, 식량용 4,504천 톤 등의 순으로 소비되었다.

양곡 수요는 사료용이 가장 많고 다음으로 가공용, 식량용 등의 순이지만 작물별로 차이가 있다. 먼저 쌀은 대부분이 식량용으로 사용되고 있으며 밀도 식량용으로 사용되는 비중이 높은 작물이다. 그러나 옥수수와 콩은 사료용과 가공용으로 사용되는 비중이 식량으로 사용되는 비중보다 높은 작물이다.

양곡의 1인당 연간소비량은 109.5kg이며 쌀이 59.2kg, 밀이 31.6kg으로 1인당 연간소비량의 83%에 해당하는 90.8kg를 소비하고 있으며 전체 곡물자급도는 21.0%이다. 사료 등의 수요를 제외한 식량자급도는 45.8%이며 서류 105.2%, 쌀 92.1%, 보리쌀 47.7% 순으로 식량자급도가 높은 것으로 조사되었다.

2.3 식량작물 소득현황

식량작물의 작물별 소득현황은 다음 표와 같다. 먼저 쌀은 10a당 평균적으로 1,153천 원의 총수입을 얻었으며 이 가운데 경영비로 485천 원의 비용을 지불하고 나머지 667천 원의 소득을 얻어 소득률이 57.9%인 것으로 조사되었다. 품목별로 보면 보리와 밀은 쌀보다 소득과 소득률이 낮은 품목이었다. 밭작물인 콩, 노지풋옥수수, 고구마의 10a당 평균적인 소득률은 50% 이상으로 소득률이 높은 작물이었다.

표 12-5 　2020년도 식량작물 소득자료　　　　　　　　　　　　(단위: kg, 원, %)

작목	수량	총수입	경영비	소득	소득률
쌀	483	1,216,248	484,522	731,727	60.2
겉보리	463	342,918	266,817	76,101	22.2
쌀보리	406	479,994	290,869	189,124	39.4
밀	294	291,715	233,227	58,488	20.0
콩	147	809,514	297,268	512,246	63.3
노지풋옥수수	2,899(개)	1,594,683	731,258	863,425	54.1
고구마	1,515	3,456,606	1,632,174	1,824,432	52.8
봄감자	2,271	2,039,543	1,185,492	854,051	41.9
가을감자	1,533	2,182,753	1,316,887	865,867	39.7

주 1: 통계자료는 10a당 연간 1기작을 기준으로 작성
　　2: 쌀과 콩은 통계청 농산물생산비 조사 작목을 기준으로 작성
자료: 농촌진흥청. 2020 농축산물소득자료집

03 특용작물분야

3.1 특용작물 정의

농림축산식품부에서 발간하는 특용작물 생산실적에 의하면 특용작물을 다음과 같이 정의하고 있다.

특용작물은 식량작물, 과수, 채소류 등을 제외한 특별한 용도에 쓰이는 작물로 유지, 기호, 약용, 섬유, 버섯류, 기타 특작의 6개 분야로 분류한다. 유지작물은 참깨, 땅콩, 유채 등 채유 목적용 작물이며, 섬유작물은 면화, 삼 등 섬유이용 목적으로 재배하는 작물이다. 기호작물은 차, 박하 등 기호용으로 재배하는 작물이다. 약용작물은 감초, 지황 등 약재 이용목적으로 재배하는 작물이다(단, 인삼은 별도로 통계를 작성하고 있다). 버섯류는 양송이, 느타리, 영지, 팽이, 상황 등으로 구분하고 기타 특작류는 닥남, 신선초, 기타로 구분한다.

표 12-6 | 유형별 특용작물명

구분	작물명
유지(4)	들깨, 땅콩, 유채, 참깨
섬유(4)	면화, 삼(대마), 완초(왕골), 저마(모시)
기호(4)	녹차, 치커리, 박하, 스테비아
약용(56)	갈근(칡), 감초, 강활, 강황, 건강(생강), 결명자, 고본, 구기자, 길경(도라지), 단삼, 당귀(일), 당귀(참), 당삼(만삼), 대황(금문대황, 장국풀), 독활(땅두릅), 두충(두충나무), 맥문동, 목단피(목단, 모란), 백수오(은조롱), 백지(구릿대), 백출(삽주), 복분자(복분자딸기), 사삼(잔대), 산수유, 산약(마), 삼백초, 석창포, 시호, 식방풍(갯기름나물), 양유(더덕), 어성초(약모밀), 오가피(오갈피나무), 오미자, 우슬(쇠무릎), 익모초, 애엽(쑥, 황해쑥), 의이인(율무), 위유(둥글레, 옥죽), 자소엽(차즈기), 작약, 지모, 지황, 천궁, 천마, 치자, 택사(질경이택사), 하수오, 한인진(더위지기), 향부자, 현삼, 형개, 홍화(잇꽃), 황기, 황금(속썩은풀), 황정(층층갈고리둥글레, 진황정), 기타, (*인삼은 별도 조사)
버섯(8)	양송이, 느타리, 영지, 팽이, 상황, 신령, 새송이, 기타
기타(3)	닥나무, 신선초, 기타

3.2 특용작물 생산 동향

특용작물의 2018년도 재배면적은 78,979ha로서 2014년 89,759ha보다 12% 감소하였으며, 생산량도 2018년 265,784톤으로 2014년 337,657톤보다 21.3% 감소하였다. 2020년도 재배면적은 77,377ha이며 생산량은 261,337톤으로 2014년 이후 지속적으로 감소하고 있다.

2014년부터 특용작물의 재배면적과 생산량 추이를 살펴보면, 섬유작물의 2018년도 재배면적과 생산량이 2014년보다 증가한데 반해서 유지, 기호, 약용, 버섯, 기타 작물의 재배면적과 생산량은 감소하였다.

표 12-7 특용작물 연도별 재배면적과 생산량 추이 (단위: ha, M/T)

		2014	2015	2016	2018	2020
전체	면적	89,759	90,632	96,594	78,979	77,377
	생산량	337,657	332,382	372,758	265,794	261,337
유지	면적	70,670	72,556	78,500	63,904	62,940
	생산량	68,078	74,468	81,301	64,235	55,279
섬유	면적	42	23	43	49	49
	생산량	124	77	116	165	165
기호	면적	2,918	2,786	2,926	2,758	2,718
	생산량	4,176	3,902	4,302	4,087	4,309
약용	면적	14,847	14,232	14,458	11,715	11,052
	생산량	75,649	83,068	76,886	59,444	55,183
버섯	면적	778	726	467	412	528
	생산량	182,561	167,366	162,292	135,776	144,893
기타	면적	505	309	200	144	90
	생산량	7,069	3,501	2,861	2,087	1,508

자료: 농림축산식품부, 2018 특용작물 생산실적

특용작물 가운데 재배면적이 가장 많은 분야는 유지작물분야로서 2020년 재배면적은 62,940ha로 전체 재배면적 77,377ha의 81%를 차지하고 있으며 다음으로 약용작물의 재배면적이 11,052ha로 조사되었다. 버섯은 재배면적은 528ha로서 전체 재배면적의 0.7%임에도 불구하고 생산량은 144,893톤으로 전체 생산량의 55%를 차지하고 있다.

특용작물분야의 농가수는 2020년 229,903호로 조사되었으며 유지작물분야가 194,297호로 가장 많았으며 다음으로 약용작물 30,553호, 기호작물 2,524호, 버섯류 2,186호로 조사되었다.

표 12-8 2020년 특용작물 유형별 생산실적 (단위: 호, ha, M/T)

구분	농가수	전체면적	수확면적	생산량
유지작물	194,297	62,940	62,935	55,279
섬유작물	120	49	49	165
기호작물	2,524	2,718	2,522	4,309
약용작물	30,553	11,052	9,792	55,183
버섯류	2,186	528	516	144,893
기타	223	90	89	1,508
합계	229,903	77,377	75,903	261,337

자료: 농림축산식품부, 2020 특용작물 생산실적

3.3 인삼 생산 동향

인삼 재배농가는 2000년대 등락을 거듭하였으나, 2018년 20,556호로 2010년 23,857호 보다 21% 감소하였다. 2018년도 재배면적은 15,452ha, 생산량은 23,265톤으로 조사되었으며 이는 2010년 재배면적과 생산량보다 각각 25% 감소한 재배면적과 생산량이다. 반면에 수출량은 꾸준히 증가하고 있으며 2018년 수출량이 7,512톤으로 2010년 3,298톤보다 200% 증가하였다.

2020년도 인삼 재배현황을 2018년과 비교하면, 인삼 재배농가는 17,707호로 감소하였지만 재배면적은 15,160ha, 생산량은 23,896톤, 수출량은 11,894톤, 수출금액은 230백만 달러로 증가하였다.

인삼 재배 현황 추이 (단위: 호, ha, 톤, 억 원, 백만 달러)

	2000	2005	2010	2015	2018
재배농가	23,011	15,793	23,857	21,087	20,556
재배면적	12,445	14,153	19,010	14,213	15,452
생산량	13,664	14,561	26,944	21,043	23,265
생산액	3,728	5,803	9,385	8,164	8,307
수출량	2,078	2,098	3,298	5,925	7,512
수출금액	79	82	124	155	188

자료: 농림축산식품부, 2018 인삼 통계자료집

　　지역별 인삼 재배현황을 살펴보면, 농가수가 많은 지역은 충북 4,014호, 경기 3,970호, 강원 3,498호, 충남 3,267호, 전북 2,812호의 순이었다. 재배면적은 충북, 전북, 강원, 경기, 충남, 경북의 순이었으나 생산량은 전북, 충북, 강원, 경북, 경기, 충남의 순으로 조사되었다.

표 12-10　시도별 인삼 재배현황(2018년) (단위: 호, ha, M/T, 억 원)

시도	농가수	면적	생산량	생산액
계	20,556	15,452	23,265	8,307
인천	559	226	258	100
광주	8	8	7	3
대전	53	28	2	1
세종	172	136	82	27
경기	3,970	2,210	2,641	1,113
강원	3,498	2,529	3,836	1,626
충북	4,014	2,949	3,875	1,303
충남	3,267	2,107	2,630	837
전북	2,812	2,757	6,119	1,951
전남	487	677	640	250
경북	1,629	1,730	3,079	1,069
경남	87	95	96	27

주: 서울, 부산, 대구, 울산, 제주는 인삼 재배농가, 면적, 생산량이 0인 지역
자료: 농림축산식품부, 2018 인삼 통계자료집

3.4 특용작물 소득현황

특용작물의 작물별 소득현황을 살펴보면, 인삼은 4년근 기준으로 10a당 656kg을 생산하여 16,614천 원의 수입이 발생하였으나 경영비로 7,772천 원을 지불하여 소득이 8,842천 원인 것으로 조사되었다. 2019년도 인삼의 소득률은 53.2%으로 조사되었다.

오미자는 10a당 소득이 1,847천 원, 참깨는 664천 원, 들깨는 533천 원으로 조사되었다.

표 12-11	2020년도 특용작물 소득자료				(단위: kg, 원, %)
작목	수량	총수입	경영비	소득	소득률
인삼(4년근)	613	14,607,497	5,923,699	8,683,798	59.4
참깨	46	1,033,606	491,399	542,207	52.5
들깨	81	945,943	397,057	548,886	58.0
오미자	403	3,563,152	1,760,708	1,802,443	50.6

주 1: 통계자료는 10a당 연간 1기작을 기준으로 작성
자료: 농촌진흥청, 2020 농축산물소득자료집

04 채소분야

4.1 채소 정의

채소는 1년생 초본식물로 인간이 먹을 수 있는 부위(조직)를 생산할 수 있는 식물(작물)을 말한다(네이버 지식백과). 채소는 원예작물의 한 종류로 사람이 섭취하는 부위 또는 특징에 따라 엽채류, 근채류, 조미채소류, 과채류, 양채류, 기타채소의 6가지로 분류할 수 있다.

농림축산식품부의 채소류 생산실적에서 분류한 기준에 따르면 엽채류에는 배추, 양배추, 시금치, 상추, 미나리, 쑥갓, 부추 7개 품목이 포함되고 근채류에는 무, 당근, 연근,

우엉, 토란 5개 품목이 포함된다. 조미채소에는 고추, 마늘, 양파와 더불어 파, 생강의 5개 품목이 포함되고 과채류에는 수박, 참외, 오이, 호박, 딸기, 가지, 멜론, 토마토, 풋고추, 파프리카의 10개 품목이 포함된다. 이외에도 양채류와 기타채소류가 있다.

4.2 채소 생산 동향

2020년도 채소류 재배면적은 219,457ha로 조미채소가 41%인 89,357ha, 엽채류가 23%인 49,642ha, 과채류가 22%인 47,921ha, 근채류가 11%인 24,380ha 등을 차지하고 있다.

채소류의 재배면적 추이를 살펴보면 2020년 재배면적은 2000년 386천ha보다 43%, 2005년 300천ha보다 26% 각각 감소한 면적이다. 2000년에 비하면 채소류 재배면적은 크게 감소하였으나 2010년 이후 재배면적은 비슷한 수준을 유지하고 있다.

표 12-12 채소류 연도별 재배면적 (단위: ha)

	2000	2005	2010	2015	2020
엽채류	74,276	59,516	47,313	46,481	49,642
근채류	45,258	31,274	25,503	24,314	24,380
조미채소류	162,656	132,403	107,513	90,830	89,357
과채류	75,694	67,003	56,480	56.650	47,921
양채류	1,680	2,327	3,669	3,593	3,902
기타 채소류	26,827	5,438	4,773	3,091	4,255
합계	386,391	297,961	245,251	224,959	219,457

자료: 농림축산식품부, 2020 시설채소 온실현황 및 채소류 생산실적

2020년도 채소류 생산량은 8,486천 톤으로 엽채류가 33%인 2,807천 톤, 과채류가 25%인 2,122천 톤, 조미채소류가 24%인 2,029천 톤, 근채류가 15%인 1,296천 톤 등을 생산하고 있다.

채소류의 연도별 생산량 추이를 살펴보면 2020년 생산량은 2000년 11,282천 톤보다 25%, 2005년 9,584천 톤보다 12% 각각 감소하였다. 2010년 이후 생산량은 증가추세에 있다.

표 12-13	채소류 연도별 생산량				(단위: 천 톤)
	2000	**2005**	**2010**	**2015**	**2020**
엽채류	3,782	3,054	2,411	2,681	2,808
근채류	1,928	1,416	1,160	1,392	1,296
조미채소류	2,233	2,102	2,221	1897	2,029
과채류	2,651	2,797	2,369	2,406	2,122
양채류	54	88	96	85	83
기타 채소류	633	127	125	89	149
합계	11,282	9,584	8,381	8,549	8,486

자료: 농림축산식품부, 2020 시설채소 온실현황 및 채소류 생산실적

2020년도 채소 재배면적 219,457ha 가운데 시설재배가 차지하는 재배면적은 24%에 해당하는 52,571ha이었다. 특히, 과채류의 시설재배면적은 77%에 해당하는 36,819ha로서 대부분 시설에서 재배하는 것으로 조사되었다. 반면에 마늘, 양파 등의 조미채소류의 시설재배면적은 전체 재배면적 89,357ha의 2%에 불과한 2,232ha이며 노지재배면적은 98%에 해당하는 87,124ha로 조사되었다. 근채류, 엽채류, 양채류도 시설재배면적보다 노지재배면적이 많은 것으로 조사되었다.

표 12-14	2020년 채소류 품목별 시설채소 생산현황					(단위: ha, 천 톤)
	계		**노지채소**		**시설채소**	
	면적	생산량	면적	생산량	면적	생산량
엽채류	49,642	2,808	40,429	2,536	9,213	272
근채류	24,380	1,296	23,403	1,253	978	43
조미채소류	89,357	2,029	87,124	1,975	2,232	55
과채류	47,921	2,122	11,102	321	36,819	1,802
양채류	3,902	83	2,669	44	1,233	39
기타 채소류	4,255	149	2,159	46	2,096	103
합계	219,457	8,486	166,886	6,174	52,571	2,312

자료: 농림축산식품부, 2020 시설채소 온실현황 및 채소류 생산실적

채소류 생산현황을 시·도별로 살펴보면 재배면적이 가장 많은 지역은 전남 20.2%인 48,393ha, 경북 14.7%인 35,256ha, 경남 13.2%인 31,535ha 등의 순이었다. 전남과 경북 등의 지역은 노지재배면적 비중이 시설재배면적 비중보다 높았으나, 경남과 충남, 경기 등의 지역은 시설재배면적 비중이 노지재배면적 비중보다 높은 것으로 조사되었다.

표 12-15 | **시도별 채소류 생산현황(2018년)** (단위: ha, 천 톤)

	계		노지채소		시설채소	
	면적	생산량	면적	생산량	면적	생산량
전국	239,806	9,186	184,399	6,805	55,407	2,381
서울	77	2	50	2	27	1
부산	1,583	62	919	29	664	32
대구	3,086	113	2,022	66	1,064	47
인천	1,291	48	1,021	37	270	11
광주	1,155	51	478	19	677	32
대전	336	13	229	9	107	4
울산	983	36	779	28	204	8
세종	576	20	265	7	311	13
경기	18,168	631	11,951	443	6,217	187
강원	21,215	828	17,632	667	3,583	161
충북	13,355	553	9,034	328	4,320	226
충남	24,407	830	14,988	445	9,418	385
전북	18,877	809	14,390	601	4,487	208
전남	48,393	2,089	43,531	1,878	4,862	212
경북	35,256	1,151	28,230	826	7,027	325
경남	31,535	1,158	19,631	639	11,904	519
제주	19,508	792	19,244	781	264	12

자료: 농림축산식품부, 2018 시설채소 온실현황 및 채소류 생산실적

4.3 채소 소득현황

채소작물의 작물별 소득현황을 다음과 같다. 품목별로 소득에 차이가 있지만 대체로 40% 이상의 소득률을 얻는 것으로 조사되었다.

표 12-16	2019년도 채소작목 소득자료				(단위: kg, 원, %)
작목		수량	총수입	경영비	소득	소득률
고추		248	3,626,489	1,222,426	2,404,063	66.3
마늘		1,400	3,287,901	1,997,098	1,290,803	39.3
양파		7,322	2,781,872	1,673,927	1,107,945	39.8
노지채소	노지수박	4,378	3,519,215	1,631,568	1,887,647	53.6
	가을무	5,188	2,965,824	1,134,614	1,831,211	61.7
	고랭지무	6,556	2,480,256	1,272,185	1,208,071	48.7
	당근	4,234	3,537,440	2,126,669	1,410,771	39.9
	봄배추	7,318	1,807,294	1,053,380	753,914	41.7
	가을배추	5,669	3,134,018	1,078,868	2,055,150	65.6
	고랭지배추	5,356	2,103,618	1,322,468	781,150	37.1
	노지시금치	1,169	2,651,581	1,227,279	1,424,302	53.7
	양배추	4,912	2,134,902	1,350,272	784,630	36.8
	대파	3,312	2,831,026	1,308,039	1,522,988	53.8
	쪽파	1,597	3,659,691	1,626,907	2,032,784	55.5
	생강	1,419	7,224,562	3,092,973	4,131,588	57.2
시설채소	수박(반촉성)	4,673	5,517,545	2,469,271	3,048,274	55.2
	시설참외	3,912	10,192,174	4,393,825	5,798,349	56.9
	딸기(촉성)	3,445	22,254,894	12,744,633	9,510,261	42.7
	오이(촉성)	15,628	27,149,297	15,014,789	12,134,508	44.7
	오이(반촉성)	10,424	12,696,725	6,422,297	6,274,428	49.4
	오이(억제)	4,984	7,329,758	4,065,662	3,264,096	44.5
	시설호박	7,906	9,616,402	5,879,319	3,737,083	38.9
	토마토(촉성)	11,874	25,283,473	15,536,842	9,746,631	38.5
	토마토(반촉성)	7,668	15,928,784	8,674,995	7,253,789	45.5
	방울토마토	5,607	16,582,654	10,908,179	5,674,476	34.2
	시설가지	11,842	21,127,063	12,043,017	9,084,046	43.0
	파프리카	12,838	33,380,434	26,927,133	6,453,301	19.3
	시설시금치	1,527	3,047,147	1,845,342	1,201,805	39.4
	시설상추	3,131	7,676,203	4,216,775	3,459,429	45.1
	시설부추	4,232	8,778,212	5,034,554	3,743,658	42.6
	시설고추	4,487	14,372,142	7,031,662	7,340,479	51.1

주 1: 통계자료는 10a당 연간 1기작을 기준으로 작성
주 2: 고추, 마늘, 양파는 통계청 농산물생산비 조사 작목을 기준으로 작성
자료: 농촌진흥청, 2019 농축산물소득자료집

05 화훼분야

5.1 화훼 생산 동향

2020년 화훼 재배농가는 7,069호이며 재배면적은 4,299ha, 생산액은 5,269억 원으로 조사되었으며, 2005년 화훼 생산현황과 비교하여 화훼 재배농가, 화훼 재배면적, 화훼 생산액이 각각 47%, 47%, 49% 감소하였다.

화훼의 1인당 소비액도 2005년 20,870원에서 점차 감소하여 2020년에는 44%가 감소한 11,676원으로 조사되었다.

표 12-17 | 화훼 연도별 생산실태 (단위: 호, ha, 백만 원, 원)

구분	2005	2010	2015	2020
재배농가	12,859	10,347	8,328	7,069
재배면적	7,952	7,134	5,831	4,299
생산액	1,010,532	850,995	633,207	526,900
1인당 소비액	20,870	16,098	13,310	11,676

자료: 농림축산식품부 2020 화훼재배현황.

화훼 재배농가 6,824호 가운데 절화류 재배 농가가 34.7%에 해당하는 2,367호로 조사되었으며 다음으로 분화류 2,268호, 관상수류 1,266호, 화목류 1,260호 등으로 조사되었다. 재배면적은 관상수류 재배농가의 재배면적이 전체 4,244ha의 30.8%를 차지하는 1,306ha로 조사되었으며 다음으로 절화류 1,183ha, 화목류 775ha, 분화류 17.2ha 등으로 조사되었다. 판매금액은 분화류가 전체 판매금액 5,174억 원의 38.9%에 해당하는 2,014억 원으로 조사되었으며 다음으로 절화류 1,781억 원, 초화류 896억 원 등으로 조사되었다.

표 12-18	화훼 부류별 2019년 생산실태		(단위: 호, ha, 백만 원)
	농가수	**재배면적**	**판매금액**
계	6,824	4,244	517,445
절화류	2,367	1,183	178,145
분화류 (난류)	2,268 (356)	732 (103)	201,449 (44,829)
초화류	410	202	89,638
관상수류	1,266	1,306	18,318
화목류	1,260	775	19,496
종자·종묘류	52	24	7,361
구근류	69	22	3,037

자료: 농림축산식품부 2019 화훼재배현황.

화훼류 재배면적 4,244ha 가운데 시설재배면적은 47.7%인 2,024ha로 조사되었으며 노지재배면적은 52.3%인 2,220ha로 조사되었다. 절화류, 분화류, 초화류 등은 시설재배면적 비중이 노지재배면적 비중보다 높았으나, 관상수류와 화목류 등은 노지재배면적 비중이 시설재배면적 비중보다 높았다.

표 12-19	화훼 부류별 재배시설 현황						(단위: ha)
	계	**시설**					**노지**
		소계	철골 유리	철골 경질	철 파이프	기타	
계	4,244	2,024	57	148	1,770	49	2,220
절화류	1,183	1,051	36	94	894	25	133
분화류 (난류)	732	694	17	37	627	13	38
초화류	202	174	3	12	159	0	28
관상수류	1,306	34	0	1	28	5	1,272
화목류	775	49	0	1	42	5	726
종자·종묘류	24	9	0	1	8	0	15
구근류	22	13	0	3	10	1	9

자료: 농림축산식품부 2019 화훼재배현황.

화훼류의 주요 생산지역은 화종별로 차이가 있다. 국화(스탠다드)는 부산강서구, 창원시, 김해시, 예산군, 태안군이 주요 생산지역이며 국화(스프레이)는 태안군, 예산군, 거창군, 당진군, 김포시가 주요 생산지역이다.

표 12-20 주요 화훼류별 생산지 재배현황

주요화종		면적 (ha)	주생산지역(ha, %)
국화	스탠다드	242.9	부산강서구(64.8ha, 26.7%), 창원시(30.9ha, 12.7%), 김해시(8.8%), 예산군(4.9%), 태안군(4.7%)
	스프레이	66.2	태안군(26.1ha, 39.4%), 예산군(12.5ha, 18.9%), 거창군(7.1%), 당진군(5%), 김포시(3.6%)
장미	스탠다드	221.9	고양시(62.3ha, 28.1%), 파주시(31.5ha, 14.2%), 김해시(6.5%), 강진군(5.7%), 진천군(4.3%)
	스프레이	25.0	김해시(7.6ha, 30.4%), 전주시(6.2ha, 24.8%), 진천군(12%), 고양시(9%), 강진군(8%)
백합 (오리엔탈)		70.9	서귀포시(19.5ha, 27.5%), 제주시(10.6ha, 15%), 인제군(14.8%), 횡성군(5.2%), 태안군(5.1%)
심비디움 (양란)		31.3	태안군(5.3ha, 16.9%), 서산군(3.8ha, 12.1%), 가평군(9.6%), 공주시(8.3%), 서귀포시(7.7%)
안개초		65.7	창원시(24.6ha, 37.4%), 김해시(12.1ha, 18.4%), 태안군(12.5%), 남원군(9%), 여수시(6.7%)
카네이션 (스탠다드)		43.3	김해시(27.2ha, 62.8%), 부산강서구(3.5ha, 8.1%), 공주시(7.4%), 고양시(4.2%), 밀양시(3.9%)
선인장	일반	24.2	고양시(9.6ha, 39.7%), 안성군(3.5ha, 14.5%), 용인시처인구(9.9%), 이천시(8.7%), 광주광산구(4%)
	접목	18.9	고양시(7.4ha, 39.2%), 음성군(5.2ha, 27.5%), 상주군(14.8%), 구미시(5.3%), 여주시(4.2%)
거베라		20.7	김해시(8.3ha, 40.1%), 봉화군(5.7ha, 27.5%), 밀양시(11.1%), 영주시(7.7%), 제주시(5.3%)
프리지아		38.8	부여군(4.9ha, 12.6%), 여주시(3.4ha, 8.8%), 거창군(7.7%), 완주군(7.2%), 예산군(5.9%)

자료: 농림축산식품부 2019 화훼재배현황.

5.2 화훼 소비 동향

화훼류의 소비금액은 2005년 1인당 20,870원이었으나 2019년에는 11,616원으로 하락하였다. 초화류의 1인당 소비금액이 2005년 1,831원에서 2,214원으로 20.9% 상승한 것을 제외하고는 대부분 화종의 1인당 소비금액이 감소하였다. 특히 절화, 난류, 관상수의 1인당 소비금액이 큰폭으로 감소하였다.

표 12-21	연도별 화훼류 1인당 소비금액				(단위: 원)
구분		2005	2010	2015	2019
계		20,870	16,098	13,310	11,616
절화		9,559	6,098	4,591	3,884
분화	분화	4,817	4,276	3,659	3,473
	난류	2,569	1,743	1,222	943
초화		1,831	2,815	2,398	2,214
화목		937	1,275	598	447
관상수		1,289	870	559	404
종자		330	264	215	192
구근		53	80	68	59

자료: 농림축산식품부 2019 화훼재배현황.

5.3 화훼 수출입 동향

화훼류의 수출입 실적은 2010년 이후 수출은 크게 감소하였으나 수입은 증가하고 있다. 2019년 화훼류 수출액은 17,159천 달러로 2010년 103,067천 달러에 비해 83.4%가 감소하였다. 특히 선인장 수출이 증가하였으나 대부분의 화종 수출금액은 2010년 대비 크게 감소하였다. 2019년 화훼 수입은 86,515천 달러로 2010년 44,744천 달러에 비해 93.4%가 증가하였다. 난초, 백합, 아이리스 수입량은 감소하였으나 양란, 카네이션, 기타 화종 수입량이 2010년에 비해 크게 증가하였다.

표 12-22	화훼 수출입실적 추이			(단위: 천 달러)

구분		2010	2015	2017	2019
수출	계	103,067	28,460	23,630	17,159
	장미	34,235	3,264	1,885	1,709
	국화	13,802	2,370	1,975	1,000
	백합	27,845	3,928	8,220	6,110
	선인장	2,756	3,786	4,197	4,063
	난초	20,264	6,648	2,352	1,442
	기타	4,165	1,823	5,001	2,835
수입	계	44,744	60,769	65,361	86,515
	난초	24,023	22,209	13,847	15,656
	백합	5,488	2,670	3,130	2,649
	양란	425	1,242	1,557	1,782
	카네이션	1,377	2,282	3,620	6,987
	튤립	1,380	2,131	2,690	4,510
	아이리스	208	84	166	28
	기타	11,843	30,151	31,538	44,496

자료: 농림축산식품부, 농림축산식품주요통계 2020

5.4 화훼작물 소득현황

화훼작물의 작물별 소득현황은 다음과 같다. 시설장미는 2019년 10a당 소득이 14,151천 원, 소득률이 31.2%로 조사되었으며 시설국화는 2018년 10a당 소득이 7,632,747 천 원, 소득률이 43.2%로 조사되었다. 시설장미는 시설국화보다 총수입이 많지만 지출 (경영비)도 상대적으로 많아 10a당 소득률이 낮은 것으로 조사되었다.

표 12-23	화훼작목 연도별 소득				(단위: 본, 원, %)
구분		수량	총수입	경영비	소득	소득률

구분		수량	총수입	경영비	소득	소득률
시설장미	2012년	107,910	31,725,540	23,242,810	8,482,730	34.0
	2015년	109,555	35,057,600	22,863,801	12,193,799	34.8
	2018년	80,991	31,849,948	21,352,905	10,497,043	33.0
	2019년	79,469	33,244,986	22,883,441	14,150,852	31.2
	2020년	74,783	27,074,175	20,840,019	6,234,157	23.0
시설국화	2012년	40,263	17,556,211	10,569,716	6,986,495	48.5
	2015년	49,307	14,742,793	9,310,486	5,432,307	36.8
	2018년	60,251	17,673,669	10,040,923	7,632,747	43.2

자료: 농촌진흥청. 농축산물소득자료집 각년도.

06 과수분야

6.1 과일 생산 동향

과일 재배면적은 2009년 157천ha에서 2018년 165천ha로 연평균 0.5%씩 증가하였으나 이후 감소세로 전환되어 2020년 157천ha로 감소하고 있다.

재배면적이 큰 주요 6대 과일은 사과, 배, 감귤, 복숭아, 포도, 단감이며 이들 주요 6대 과일(사과, 배, 감귤, 복숭아, 포도, 단감) 2020년 재배면적은 2009년 이후 연평균 0.7%씩 지속적으로 감소 추세에 있지만, 기타과일(단감, 자두, 살구, 매실, 무화과 등) 재배면적은 동기간 연평균 3.3% 증가하였다. 과일 전체 재배면적에서 기타 과일이 차지하는 비중이 증가하는 것으로 조사되었다.

| | 그림 12-1 | 과일 재배면적 동향 |

자료: 농림축산식품부, 「농림축산식품 주요통계」. KREI 농업전망.

| 표 12-24 | 6대 과일 재배면적 및 생산량 추이 | | | | | (단위: 천 ha, 천 톤) |

품종		2000	2005	2010	2015	2018	2020
사과	재배면적	29	27	31	32	33	32
	생산량	489	368	460	583	475	422
배	재배면적	26	22	16	13	10	9
	생산량	324	443	308	261	203	133
감귤	재배면적	27	22	21	21	22	21
	생산량	563	638	615	640	621	659
복숭아	재배면적	14	15	14	17	21	20
	생산량	170	224	135	154	207	189
포도	재배면적	29	22	18	15	13	13
	생산량	476	381	257	224	175	166
단감	재배면적	24	17	15	12	9	8
	생산량	227	236	154	158	104	88
합계	재배면적	149	124	115	110	108	104
	생산량	2,249	2,290	1,929	2,020	1,786	1,620

자료: 농림축산식품부, 「농림축산식품 주요통계」

최근 기후 변화에 따른 과수 재배지 북상으로 주산지가 이동하는 작물이 있으며, 또한 지자체의 고소득 특화작목 육성 등의 영향으로 새로운 기타 과일 재배면적이 증가하는 추세를 보이고 있다.

농림축산식품부 행정조사 결과에 따르면, 2018년기준 기타 과일 재배면적(성과수)이 25천ha 수준으로 2014년(23천ha) 대비 8% 증가하였다. 품목별로는 매실, 자두, 블루베리, 아로니아, 복분자, 오디 등의 순으로 면적이 증가하였으며, 2014년 대비 면적 증감률이 가장 큰 품목은 바나나, 아로니아, 패션프루트(백향과), 파파야, 체리, 블랙베리, 블루베리 등의 작물이다.

2018년 주요 과일 생산액은 4조 1,844억 원으로 농업생산액(50조 51억 원) 중에서 8%를 차지하고 있으며, 2010년 이후 연평균 0.3%의 증가 추세를 보이고 있다. 이 중에서 6대 과일 생산액이 차지하는 비중은 91% 내외이며, 기타 과일은 9% 수준이다.

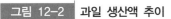 과일 생산액 추이

주: 기타에는 자두, 살구, 매실, 무화과 등이 포함되며, 과일 생산액 전체에서 떫은감(임산물)은 제외됨.
자료: 농림축산식품부, 「농림축산식품 주요통계」, KREI 농업전망.

품목별로는 2018년 기준, 사과와 감귤의 생산액 비중이 각각 23%로 가장 높았고, 다음으로 복숭아 17%, 포도 15%, 배 7%, 단감 5%의 순이다.

2010년까지만 해도 감귤 생산액이 과일 생산액에서 가장 높은 비중을 차지하였으나, 2015년 이후에는 사과 생산액이 가장 많은 비중을 차지하고 있다. 사과와 감귤 생산액은 전체 과일 생산액의 46%를 차지하고 있다.

표 12-25	과일 품목별 생산액						(단위: 십억 원)	
구분	전체	사과	감귤	복숭아	포도	배	단감	기타
2000	2,529	497	634	185	514	387	184	129
2005	2,843	467	811	200	496	339	384	147
2010	4,100	802	931	410	793	550	324	290
2015	4,159	1,448	637	456	586	426	224	382
2017	4,403	1,110	980	698	594	434	207	380
2018	4,184	968	961	728	624	312	219	373
2019	4,188	1,077	848	646	646	451	198	321

주: 기타에는 자두, 살구, 매실, 무화과 등이 포함되며, 과일 생산액 전체에서 떫은감(임산물)은 제외됨.
자료: 농림축산식품부, 「농림축산식품 주요통계」

과일(신선) 전체 공급량은 2019년 2,926천 톤으로 2009년 대비 5% 증가하였으나, 신선과일 자급률은 2018년에 75%으로 2009년 86%보다 11%p 감소하였다. 이는 국내 과일 생산량이 2009년 2,500천 톤에서 2019년 2,206천 톤으로 12% 감소한 반면, 수입량이 같은 기간 462천 톤에서 764천 톤으로 65% 증가하였기 때문이다.

표 12-26	과일(신선) 공급량 추이					(단위: 천 톤, %)	
구분	2009	2011	2013	2015	2017	2018	2019
과일 공급량	2,911	2,748	2,855	3,048	3,146	2,960	2,926
생산량	2,500	2,102	2,207	2,364	2,358	2,160	2,206
수입량	462	677	682	723	829	845	764
수출량	51	31	34	38	40	45	44
자급률	85.9	76.5	77.3	77.6	74.9	73.0	75.4

자료: 통계청, 한국무역협회

6.2 과일 소비 동향

과일 1인당 연간 소비량은 2007년 68kg 수준으로 역대 최대치를 기록한 이후 최근에는 50kg대 수준을 유지하고 있다. 2019년 과일 1인당 연간 소비량은 국내 과일 생산량 감소로 전년 대비 2% 적은 56.6kg이었다.

표 12-27	과일 1인당 연간 소비량 추이							(단위: kg)
구분	2000	2005	2010	2015	2016	2017	2018	2019
소비량	58.4	62.6	57.6	59.8	60.6	61.2	57.5	56.6

자료: 농림축산식품부, 「농림축산식품 주요통계」

　　주요 6대 과일 1인당 연간 소비량은 2010년 39.8kg에서 2019년 34.8kg으로 연평균 2% 감소 추세인 반면, 기타 과일과 수입과일 소비량은 동기간 각각 연평균 2%씩 증가 추세를 보이고 있다.

그림 12-3 | 6대과일, 기타과일, 수입과일 1인당 소비량 추이

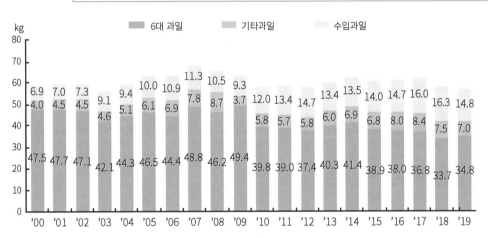

자료: 농림축산식품부, 「농림축산식품 주요통계」. KREI 농업전망.

6.3 과수 소득현황

　　과수의 작목별 소득현황은 다음과 같다. 2019년 10a당 소득이 가장 높은 작목은 시설포도 작목이었다. 시설포도는 연간 12,655천 원의 수입이 발생하고 경영비로 5,046천 원을 지불하여 10a당 평균소득이 7,609천 원이었다. 노지작목 가운데 2019년도 소득이 가장 높은 작목은 블루베리 4,971천 원, 노지포도 4,646천 원, 참다래 3,142천 원이었다. 사과, 배, 복숭아, 노지감귤의 10a당 소득은 각각 2,642천 원, 2,973천 원, 2,480천 원, 1,670천 원이었다. 과수의 작목별 평균 소득률은 50~60%초반이었다.

표 12-28	2019년도 과수 소득자료				(단위: kg, 원, %)
작목	수량	총수입	경영비	소득	소득률
사과	2,269	5,316,740	2,674,282	2,642,457	49.7
배	2,590	5,745,885	2,773,186	2,972,699	51.7
복숭아	1,292	4,367,747	1,887,326	2,480,421	56.8
노지 노지포도	1,545	7,171,229	2,525,492	4,645,737	64.8
노지감귤	3,424	3,171,456	1,501,526	1,669,931	52.7
단감	1,624	2,978,802	1,499,211	1,479,590	49.7
참다래	1,580	5,334,084	2,192,426	3,141,658	58.9
블루베리	486	8,239,521	3,268,448	4,971,073	60.3
시설포도	1,516	12,654,862	5,045,532	7,609,330	60.1

주 1: 통계자료는 10a당 연간 1기작을 기준으로 작성
자료: 농촌진흥청, 2019 농축산물소득자료집

07 축산분야

7.1 축산업 일반현황

2020년 축산업 생산액은 가축 생산액이 162.7천억 원이고 축산물 생산액이 40.8천억 원으로 조사되었다. 축종별로는 돼지 생산액이 71.8천억 원으로 가장 많았으며 다음으로 한육우가 59.9천억 원, 닭이 20.3천억 원으로 조사되었다. 축산물에서는 우유가 22.0천억 원이고 다음으로 계란이 16.3천억 원 생산되었다.

표 12-29	축산업 생산액					(단위: 천억 원)
	2015	2016	2017	2018	2019	2020
축산업	191.3	192.3	201.2	197.3	197.7	203.5
가축	145.3	148.7	153.9	159.4	154.6	162.7
한육우	47.1	50.6	46.6	50.9	53.6	59.9
한우	44.4	48.1	44.4	48.3	51.1	57.2

	2015	2016	2017	2018	2019	2020
육우	2.7	2.5	2.2	2.7	2.5	2.7
젖소	0.3	0.5	0.3	0.6	0.7	0.8
돼지	69.7	67.6	73.4	71.2	63.9	71.8
염소	0.8	0.7	0.8	0.6	1.2	1.5
사슴	0.2	0.2	0.2	0.2	0.1	0.2
토끼	0.1	0.1	0.1	0.1	0.0	0.0
닭	19.1	20.0	23.8	22.6	21.0	20.3
오리	8.1	9.1	8.7	13.3	13.9	8.1
축산물	45.9	43.6	47.3	37.9	43.1	40.8
계란	18.4	17.1	21.0	12.8	14.1	16.3
우유	22.9	21.8	21.3	21.3	22.2	22.0

자료: 농림축산식품부, 농림축산식품주요통계 2021

7.2 축종별 사육두수와 사육호수

축종별 가축 사육두수와 사육호수는 다음과 같다. 먼저 2020년 한(육)우는 93천호의 사육농가가 3,395천두를 생산하고 있으며 이는 2015년 107천호이 사육농가가 2,909천두를 생산한 것과 비교하면 호당 사육규모가 증가하고 있음을 알 수 있다. 젖소는 6.1천의 사육농가가 410천두의 젖소를 사육하고 있으며 닭은 2.8천호의 사육농가가 178,528천수의 닭을 사육하고 있는 것으로 조사되어 2015년에 비해 호당 사육규모가 증가하였다. 반면에 돼지는 2020년 현재 6.1천호의 사육농가가 11,078천두를 사육하고 있으며 이는 2015년 4.9천호의 사육농가가 10,187천두를 사육한 것과 비교해 사육호수와 사육두수 모두 증가한 축종이었다.

표 12-30 가축 사육두수 및 호수 (단위: 천두(수), 천호)

연도	한(육)우		젖소		돼지		닭	
	두수	호수	두수	호수	두수	호수	수수	호수
2015	2,909	107	428	7.0	10,187	4.9	164,131	3.0
2016	2,963	102	418	6.8	10,367	4.5	170,147	3.0
2017	3,020	99	409	6.5	11,273	6.3	170,551	3.0
2018	3,113	97	408	6.4	11,333	6.2	172,993	2.8

연도	한(육)우		젖소		돼지		닭	
	두수	호수	두수	호수	두수	호수	수수	호수
2019	3,237	94	408	6.2	11,280	6.1	172,920	2.8
2020	3,395	93	410	6.1	11,078	6.1	178,528	2.8

자료: KOSIS 국가통계포털, 가축동향조사, 각년도 12월 기준

한(육)우, 젖소, 돼지, 닭을 제외한 기타가축의 사육호수가 가장 많은 축종은 꿀벌 재배농가가 29.0천호였으며 다음으로 염소 14.8천호, 토끼 2.5천호, 마필 2.2천호 등으로 조사되었다.

표 12-31 기타가축 사육현황 (단위: 두(수), 호)

구분	2017		2019		2020	
	두수	호수	두수	호수	두수	호수
마필	27,210	2,146	27,246	2,156	26,525	2,183
염소	393,351	12,295	572,305	14,769	507,991	12,809
면양	2,676	127	1,976	95	2,315	73
사슴	28,873	2,077	26,120	1,588	23,730	1,313
토끼	78,563	3,255	57,084	2,535	48,399	2,113
오리	7,530,433	497	8,637,050	486	7,928,810	449
칠면조	5,340	844	2,631	580	2,972	575
거위	4,087	1,028	4,399	838	5,161	934
메추리	17,348,323	115	15,514,478	116	14,286,195	107
꿀벌	2,388,237	24,629	2,744,141	29,026	2,679,842	27,532
관상조	97,717	488	47,616	367	39,411	319
타조	1,062	81	1,048	82	1,194	77
오소리	4,197	49	3,825	38	1,975	32
꿩	252,533	282	172,440	232	177,932	217
지렁이	744,256	126	721,569	180	591,497	168

주: 사육마릿수 단위 중 꿀벌은 군, 지렁이는 평방미터(㎡)
자료: 농림축산식품부, 농림축산식품주요통계 2021

한(육)우의 사육규모별 가구수는 20두 미만 사육농가가 50.6천호로 가장 많았으며 다음으로 20두 이상~50두 미만 사육농가가 22.6천호, 50두 이상~100두 미만 사육농가가 12.1천호, 100두 이상 사육농가가 7.9천호로 조사되었다.

표 12-32   한(육)우 사육규모별 가구수 (단위: 천호)

연도	계	20두미만	20두 이상 ~ 50두 미만	50두 이상 ~ 100두 미만	100두 이상
2015	106.5	69.6	21.0	9.8	6.1
2016	102.2	64.9	21.0	9.9	6.4
2017	98.6	60.6	20.9	10.4	6.7
2018	96.6	57.6	21.3	10.8	6.9
2019	94.0	53.4	22.0	11.2	7.4
2020	93.2	50.6	22.6	12.1	7.9

자료: KOSIS 국가통계포털, 가축동향조사, 각년도 12월 기준

젖소의 사육규모별 가구수는 20두 미만 사육농가가 1.4천호, 20두 이상~50두 미만 사육농가가 1.0천호, 50두 이상~100두 미만 사육농가가 2.2천호, 100두 이상 사육농가가 1.4천호로 조사되었다. 젖소는 50두 이상~100두 미만의 사육농가가 가장 많은 것으로 조사되었다.

표 12-33   젖소 사육규모별 가구수 (단위: 천호)

연도	계	20두 미만	20두 이상 ~ 50두 미만	50두 이상 ~ 100두 미만	100두 이상
2015	7.0	1.6	1.4	2.7	1.3
2016	6.8	1.7	1.3	2.5	1.3
2017	6.5	1.5	1.2	2.5	1.3
2018	6.4	1.5	1.1	2.4	1.3
2019	6.2	1.5	1.0	2.3	1.4
2020	6.1	1.4	1.0	2.2	1.4

자료: KOSIS 국가통계포털, 가축동향조사, 각년도 12월 기준

돼지의 사육규모별 가구수는 1천두 미만 사육농가가 2.7천호, 1천두 이상~5천두 미만 사육농가가 3.0천호, 5천두 이상~1만두 미만 사육농가가 0.3천호, 1만두 이상 사육농가가 0.1천호로 조사되었다. 돼지는 1천두 이상~5천두 미만의 사육농가가 가장 많은 것으로 조사되었다.

표 12-34 　돼지 사육규모별 가구수 　(단위: 천호)

연도	계	1천두 미만	1천두 이상 ~ 5천두 미만	5천두 이상 ~ 1만두 미만	1만두 이상
2015	4.9	2.1	2.5	0.3	0.1
2016	4.6	1.7	2.4	0.3	0.1
2017	6.3	3.0	3.0	0.3	0.1
2018	6.2	2.8	3.0	0.3	0.1
2019	6.1	2.8	3.0	0.3	0.1
2020	6.1	2.7	3.0	0.3	0.1

자료: KOSIS 국가통계포털, 가축동향조사, 각년도 12월 기준

닭의 사육규모별 가구수는 1만수 미만 사육농가가 0.2천호, 1만수 이상~3만수 미만 사육농가가 0.6천호, 3만수 이상~5만수 미만 사육농가가 0.7천호, 5만수 이상 사육농가가 1.3천호로 조사되었다. 닭은 5만수 이상 사육농가가 가장 많은 것으로 조사되었다.

표 12-35 　닭 사육규모별 가구수 　(단위: 천호)

연도	계	1만수 미만	1만수 이상 ~ 3만수 미만	3만수 이상 ~ 5만수 미만	5만수 이상
2015	3.0	0.3	0.8	0.8	1.2
2016	3.0	0.2	0.8	0.8	1.2
2017	3.0	0.2	0.8	0.8	1.2
2018	2.8	0.2	0.7	0.7	1.2
2019	2.8	0.2	0.6	0.7	1.3
2020	2.8	0.2	0.6	0.7	1.3

자료: KOSIS 국가통계포털, 가축동향조사, 각년도 12월 기준

7.3 축종별 수급현황

소고기 수급현황을 살펴보면, 소고기는 연간 668천 톤이 공급되어 국민 1인당 12.9kg을 소비한다. 국내공급량 가운데 국내 생산량이 249천 톤이고 수입량이 419천 톤으로 국내자급률은 37.2% 수준이다.

표 12-36 | 소고기 수급실적 (단위: 천 톤)

구분		2015	2016	2017	2018	2019	2020
공급	생산	267	231	239	236	245	249
	수입	299	363	344	417	426	419
	계	566	594	583	653	672	668
자급률(%)		47.2	39.0	41.0	36.2	36.5	37.2
1인당소비량(kg)		11.0	11.6	11.3	12.7	13.0	12.9

자료: 한국농촌경제연구원, 농업전망 2022

돼지고기 수급현황을 살펴보면, 돼지고기는 연간 1,486천 톤이 공급되어 국민 1인당 27.1kg을 소비한다. 국내공급량은 국내 생산량이 991천 톤, 수입량이 311천 톤, 전년이월량이 184천 톤이었으며 국내자급률은 74.1%로 조사되었다.

표 12-37 | 돼지고기 수급실적 (단위: 천 톤)

구분		2015	2016	2017	2018	2019	2020
공급	전년이월	91	129	96	89	141	184
	생산	842	891	894	936	969	991
	수입	358	319	369	464	421	311
	계	1,291	1,339	1,359	1,488	1,531	1,486
수요	소비	1,160	1,240	1,269	1,346	1,346	1,337
	수출	2	2	1	1	1	5
	차년이월	129	96	89	141	184	144
	계	1,291	1,339	1,359	1,488	1,531	1,486
자급률(%)		72.6	71.8	70.4	69.5	72.0	74.1
1인당소비량(kg)		22.8	24.1	24.5	27.0	26.8	27.1

자료: 한국농촌경제연구원, 농업전망 2022

계란은 2020년에 722.3천 톤이 공급되었으며 국민 1인당 14.0kg을 소비한 것으로 추정된다.

<table>
<tr><td colspan="8">표 12-38   계란 수급실적   (단위: 천 톤)</td></tr>
</table>

표 12-38 | 계란 수급실적 (단위: 천 톤)

구분	2015	2016	2017	2018	2019	2020
국내생산	657.6	700.7	577.1	646.9	658.5	722.3
1인당소비량(kg)	12.9	13.7	11.4	12.6	12.8	14.0

자료: 한국농촌경제연구원. 농업전망 2022

원유 수급현황을 살펴보면, 원유는 연간 4,611천 톤이 공급되어 국민 1인당 85.0kg을 소비한다. 국내공급량은 국내 생산량이 2,089천 톤, 수입량이 2,434천 톤, 전년이월량이 89천 톤으로 추정된다.

표 12-39 | 원유 수급실적 (단위: 천 톤)

구분		2015	2016	2017	2018	2019	2020
공급	전년이월	233	253	132	108	82	89
	생산	2,168	2,070	2,058	2,041	2,049	2,089
	수입	1,788	1,832	2,116	2,154	2,304	2,434
	계	4,189	4,155	4,306	4,302	4,436	4,611
수요	소비	3,936	4,023	4,199	4,264	4,347	4,345
	수출	–	–	–	–	–	125
	차년이월	253	132	108	82	89	141
	계	4,189	4,155	4,306	4,302	4,436	4,611
1인당소비량(kg)		76.1	77.5	81.2	80.9	83.2	85.0

자료: 한국농촌경제연구원. 농업전망 2022

닭고기 수급현황을 살펴보면, 닭고기는 연간 790.9천 톤이 공급되어 국민 1인당 14.9kg을 소비한다. 국내공급량은 국내 생산량이 642.5천 톤, 수입량이 138.5천 톤, 전년이월량이 9.9천 톤이었으며 국내자급률은 88.0%로 조사되었다.

표 12-40 닭고기 수급실적 (단위: 천 톤)

	구분	2015	2016	2017	2018	2019	2020
공급	전년이월	5.9	7.6	5.8	8.3	6.6	9.9
	생산	585.3	599.5	565.0	603.0	636.4	642.5
	수입	118.6	128.3	131.9	162.8	140.0	138.5
	계	709.8	735.4	702.7	774.1	783.1	790.9
수요	소비	675.8	704.9	688.4	734.8	727.1	729.7
	수출	26.4	24.7	6.0	32.6	46.6	50.9
	차년이월	7.6	5.8	8.3	6.6	9.3	10.3
	계	709.8	735.4	702.7	774.1	783.1	790.9
자급률(%)		86.6	88.3	85.4	86.0	87.5	88.0
1인당소비량(kg)		13.4	13.8	13.3	14.2	14.7	14.9

자료: 한국농촌경제연구원. 농업전망 2022

7.4 축종별 소득현황

축종별 생산성에 영향을 미치는 주요지표를 살펴보면 다음과 같다. 번식우의 번식률은 2017년 72.0%에서 2020년 74.8%로 증가하였다. 비육우는 일당증체량이 2020년 0.82kg으로 증가하고 사육일수는 729일로 줄어들었다. 젖소는 유지율이 3.99%, 산유량이 9,392kg으로 조사되었다. 번식돈의 산자수는 23.7마리, 이유마릿수는 21.2마리로 증가하였으며 육성률도 89.6%로 증가하였다. 비육돈은 일당증체량이 0.64kg이었으며, 사육일수가 166일로 조사되었다.

표 12-41 축산물 생산성

			2017	2018	2019	2020
번식우	번식률	%	72.0	74.2	74.0	74.8
비육우	구입시체중	kg	173	194	186	181
	판매시체중	kg	751	757	767	779
	사육일수	일	744	730	728	729
	일당증체량	kg	0.78	0.77	0.80	0.82
젖소	산유량	kg, ℓ	9,100	9,134	9,269	9,392
	유지율	%	3.96	3.94	3.96	3.99
	번식률	%	61.8	62.1	65.4	62.8
번식돈	산자수	마리	21.1	21.1	21.3	23.7
	이유마릿수	마리	18.2	18.1	18.9	21.2
	육성률	%	86.4	85.8	88.9	89.6

		2017	2018	2019	2020
	포유일수	일/마리	26.4	26.4	26.4	26.6
	이유시체중	kg	7.6	8.5	7.8	7.5
비육돈	판매시체중	kg	113.2	113.6	113.9	114.0
	일당증체량	kg	0.65	0.64	0.64	0.64
	사육일수	일	161	163	165	166

자료: KOSIS 국가통계포털, 2020년 축산물생산비통계

축종별 소득현황은 다음과 같다. 한우 번식우는 두당 3,184천 원의 수입과 1,817천 원의 비용이 발생하여 1,367천 원의 소득이 발생한 것으로 조사되었다. 한우 비육우의 두당 소득은 1,190천 원으로 조사되었으며, 젖소의 두당 소득은 3,811천 원, 비육돈 두당 소득은 62.7천 원, 산란계의 수당 소득은 3.8천 원, 육계의 10수당 소득은 1.3천 원으로 조사되었다.

표 12-42 축산물 총수입 및 소득 (단위: 천 원)

		2016	2017	2018	2019	2020
한우 번식우 (두당)	총수입	2,617	2,563	2,762	2,950	3,184
	일반비	1,593	1,565	1,682	1,779	1,817
	소득	1,025	998	1,080	1,170	1,367
한우 비육우 (두당)	총수입	8,458	7,805	8,350	8,624	9,387
	일반비	6,496	6,629	7,262	7,599	8,196
	소득	1,962	1,176	1,088	1,025	1,190
젖소 (두당)	총수입	10,069	9,998	10,116	10,419	10,657
	일반비	6,188	6,189	6,241	6,574	6,846
	소득	3,881	3,809	3,875	3,844	3,811
비육돈 (두당)	총수입	383.0	406.6	371.7	329.6	362.0
	일반비	288.6	307.8	309.1	308.0	299.3
	소득	94.4	98.8	62.6	21.6	62.7
산란계 (수당)	총수입	30.3	42.4	25.7	26.2	31.2
	일반비	27.0	29.1	26.6	26.7	27.3
	소득	3.3	13.3	△1.0	△0.6	3.8
육계 (10수당)	총수입	18.3	19.5	19.7	20.5	20.0
	일반비	17.2	17.1	17.6	17.8	18.8
	소득	1.1	2.3	2.1	2.7	1.3

자료: KOSIS 국가통계포털, 2020년 축산물생산비통계

7.5 말산업현황

7.5.1. 말 보유 사업체 수

말 사업체수는 2013년이 1,824개소에서 2019년 2,478개소로 꾸준히 증가하고 있으며 2020년에는 2,513개소로 전년 대비 1.4% 증가하였다.

2020년 말 보유 전체 사업체는 2,183개소로 전년 대비 27개소(1.3%) 증가하였으며, 말 미보유 사업체도 330개소로 전년 대비 8개소(2.5%) 증가하였다.

표 12-43 말 보유여부별 말산업 사업체 수 변화 (단위: 개소, %)

구분	2013년	2015년	2017년	2019년 (A)	2020년 (B)	증감	
						C=B−A	C/A×100
총계	1,824	2,052	2,470	2,478	2,513	35	1.4
말 보유	1,608	1,829	2,146	2,150	2,183	27	1.3
말 미보유	216	223	324	280	330	8	2.5

자료: 농림축산식품부, 2020 말산업실태조사 보고서에서 수정 인용.

2020년 지역별 말 보유 사업체 변화를 살펴보면, 내륙에서는 말 보유 사업체가 전년대비 14개소 감소하였으나 제주도에서는 전년대비 41개소 증가하였다.

표 12-44 말 보유 사업체 수 (단위: 개소, %)

구분		2019년(A)	2020년(B)	증감	
				C=B−A	C/A×100
총계	전국	2,156	2,183	27	1.3
	내륙	1,235	1,221	△ 14	△ 11.1
	제주	921	962	41	4.5
말	전국	2,111	2,137	26	1.2
	내륙	1,192	1,178	△ 14	△ 11.2
	제주	919	959	40	4.4
당나귀 노새	전국	45	46	1	2.2
	내륙	43	43	−	0.0
	제주	2	3	1	50.0

자료: 농림축산식품부, 2020 말산업실태조사 보고서에서 수정 인용.

7.5.2. 말 사육두수

전국의 말 사육두수는 2013년 24,467두에서 꾸준히 증가하여 2019년 27,246두까지 증가하였다. 그러나 2020년 26,525두로 전년 대비 2.6% 감소하였다.

말의 용도별 사육두수를 살펴보면, 승용이 10,985두로 가장 많고, 다음으로 경주용 8,332두, 번식용 4,124두 등의 순이었다. 2019년과 비교하여 승용, 번식용, 육용, 교육용의 말 사육두수는 감소한 반면에, 나머지 용도의 말 사육두수는 증가하였다.

표 12-45 용도별 말 사육두수 변화 (단위: 두, %)

구분	2013년	2015년	2017년	2019년 (A)	2020년 (B)	증감	
						C=B−A	C/A×100
계	24,467	26,330	27,210	27,246	16,525	△721	△2.6
승용	9,591	9,471	11,458	11,915	10,985	△930	△7.8
경주용	6,405	9,160	7,303	8,129	8,332	203	2.5
번식용	4,334	4,699	4,549	4,530	4,124	△406	△9.0
육용	629	852	865	1,220	1,193	△27	△2.2
관상용	243	207	172	476	733	257	54.0
교육용	169	211	173	193	178	△15	△7.8
기타	3,096	1,731	2,690	783	980	197	25.2

자료: 농림축산식품부. 2020 말산업실태조사 보고서에서 수정 인용.

말의 품종별 사육두수를 살펴보면, 더러브렛품종의 사육두수는 11,619두로 2020년 전체 사육두수 26,525두의 43.8%를 차지하고 있으며 다음으로 교잡마가 33.3%인 8,837두, 제주마가 15.2%인 4,035두를 사육하고 있다.

전년대비 품종별로 증가한 사육두수는 제주마가 4,035두로 전년 대비 227두 증가하고, 웜블러드가 929두로 14두 증가, 포니계열이 644두로 8두 증가, 미니어처가 294두로 13두 증가하였다. 반면에, 더러브렛은 11,619두로 195두(1.7%) 감소하고 교잡마도 8,837두로 599두(6.3%) 감소하였다.

성별 말사육 두수를 살펴보면, 암말이 15,257두로 수말(6,928두) 및 거세마(4,340두)에 비해 많이 사육되고 있었다. 암말 두수 비중은 번식마 두수가 많은 제주 지역(9,799두, 64.2%)이 내륙 지역(5,458두, 35.8%)보다 높았다.

연령별 말 사육/보유두수를 살펴보면, 3~6세마가 7,525두로 가장 많고, 이어서

1~2세마가 5,386두, 7~10세마가 4,837두 등의 순이었다.

당세마와 1~2세마의 사육두수는 매년 감소하고 있으며, 당세마 비중은 내륙 지역 사육두수(209두, 9.6%)보다는 제주 지역사육두수가 (1,979두, 90.4%) 많았다.

표 12-46 │ 품종별 말 사육두수 변화 (단위: 두, %)

구분	2013년	2015년	2017년	2019년 (A)	2020년 (B)	증감	
						C=B−A	C/A×100
계	24,467	26,330	27,210	27,246	26,525	△721	△2.6
더러브렛	11,483	12,044	12,038	11,814	11,619	△195	△1.7
제주마	2,022	2,404	2,818	3,808	4,035	227	6.0
웜블러드	577	713	724	915	929	14	1.5
포니	263	324	539	636	644	8	1.3
미니어처	122	222	322	281	294	13	4.6
교잡마	9,708	10,351	10,560	9,436	8,837	△599	△6.3
기타	292	272	209	356	167	△189	△53.1

자료: 농림축산식품부, 2020 말산업실태조사 보고서에서 수정 인용.

표 12-47 │ 2020년 성별 말 사육두수 (단위: 두)

	계	암말	수말	거세마
계	26,525	15,257	6,928	4,340
내륙	11,766	5,458	2,982	3,326
제주	14,759	9,799	3,946	1,014

자료: 농림축산식품부, 2020 말산업실태조사 보고서에서 수정 인용.

표 12-48 │ 2020년 연령별 말 사육두수 (단위: 두)

	계	당세마	1~2세	3~6세	7~10세	11~15세	16~20세	21세 이상
계	26,525	2,188	5,386	7,525	4,837	4,029	2,001	559
내륙	11,766	209	1,662	3,761	2,469	2,237	1,156	272
제주	14,759	1,979	3,724	3,764	2,368	1,792	845	287

자료: 농림축산식품부, 2020 말산업실태조사 보고서에서 수정 인용.

7.5.3. 승마시설 수

승마시설은 2013년 331개소에서 2019년 459개소로 증가하였으며 2020년에는 승마시설이 468개소로 전년 대비 9개소 증가하였다. 2020년 승마시설 가운데 농어촌형 승마시설이 229개소(48.9%)이며, 체육시설 승마장이 148개소(31.6%), 기타 승마시설이 91개소(19.4%)로 조사되었다.

농림축산식품부의 지원사업이 농업의 6차 산업화 등에 집중되면서 농어촌형 승마시설은 계속해서 증가하는 추세에 있다.

표 12-49 신고유형별 승마시설 수 변화
(단위: 개소, %)

구분	2013년	2015년	2017년	2019년 (A)	2020년 (B)	증감 C=B-A	증감 C/A×100
계	331	457	512	459	468	9	2.0
농어촌형 승마시설	86	124	170	217	229	12	5.5
체육시설 승마장	157	184	186	147	148	1	0.7
기타 승마시설	88	149	156	95	91	△4	△5.2

자료: 농림축산식품부, 2020 말산업실태조사 보고서에서 수정 인용.

7.5.4. 승마인구 수

2020년 정기 승마인구는 전년 대비 25.8%가 감소한 42,315명이며, 체험 승마인구는 47.3%가 감소한 454,915명으로 조사되었다. 체험 승마인구가 전체 승마인구의 91.5%를 차지하고 있다.

2020년 정기 승마인구와 체험 승마인구 감소는 코로나19 감염 우려에 따른 각종 지원사업의 축소와 관광 및 외부활동 감소에 기인한 것으로 판단된다.

2020년 정기 승마인구 가운데 승마클럽 회원은 전년 대비 자마회원이 57명(5.9%), 월회원이 444명(14.7%), 쿠폰회원이 13,623명(27.8%) 감소하였다.

표 12-50

| 표 12-50 | 승마인구 변화 | | | | | | (단위: 개소, %) |

구분		2015년	2017년	2019년 (A)	2020년 (B)	증감	
						C=B-A	C/A×100
총계		873,380	948,714	919,556	497,230	△422,326	△45.9
정기승마인구	승마클럽회원 자마	1,545	1,404	963	906	△57	△5.9
	승마클럽회원 월	6,395	8,564	3,023	2,579	△444	△14.7
	승마클럽회원 쿠폰	32,112	35,091	49,002	35,379	△13,623	△27.8
	회원외 정기승마인구	2,922	4,253	4,058	3,451	△607	△15.0
	소계	42,974	49,312	57,046	42,315	△14,731	△25.8
체험승마인구		830,406	899,402	862,510	454,915	△407,595	△47.3

자료: 농림축산식품부. 2020 말산업실태조사 보고서에서 수정 인용.

7.5.5. 말산업 종사자 수

2020년 말산업 종사자 수는 코로나19 등으로 인해 전년 대비 927명 감소한 15,439명으로 조사되었다. 말산업 전체 종사자 가운데 경마분야 종사자 수가 9,499명, 경마 외 분야 종사자 수가 5,940명이며, 업종별로는 경마분야 종사자 수가 감소가 많았다.

| 표 12-51 | 말산업 연관산업 종사자 수 변화 | | | | | | (단위: 개소, %) |

구분		2015년	2017년	2019년 (A)	2020년 (B)	증감	
						C=B-A	C/A×100
총계		15,845	16,261	16,366	15,439	△927	△5.7
경마 분야	한국마사회	7,560	7,205	47,947	7,443	△504	△6.3
	경마마필관계자	2,075	2,110	2,112	2,056	△56	△2.7
	소계	9,635	9,315	10,059	9,499	△560	△5.6
경마 외 분야	승마시설업	2,059	2,365	1,936	1,828	△108	△5.6
	말사육업	1,384	1,329	1,216	1,167	△49	△4.0
	말사료생산판매업	380	424	159	149	△10	△6.3
	말의약품제조판매업	300	321	207	186	△21	△10.1
	말부산물이용제조판매업	55	141	89	80	△9	△10.1

구분	2015년	2017년	2019년 (A)	2020년 (B)	증감	
					C=B−A	C/A×100
말관련정보산업	197	168	174	161	△13	△7.5
기타 말이용관광서비스업	148	119	77	55	△22	△28.6
말경기용품제조판매업	148	180	142	122	△20	△14.1
말도축업	210	70	50	65	15	30.0
말고기음식점업	179	171	137	104	△33	△24.1
말조련업	67	106	127	107	△20	△15.7
말수의업	48	63	86	94	8	9.3
승마용운동가구제조판매 이용업	43	131	35	41	6	17.1
기타	992	1,358	1,872	1,781	△91	△4.9
소계	6,210	6,946	6,307	5,940	△367	△5.8

자료: 농림축산식품부, 2020 말산업실태조사 보고서에서 수정 인용.

08 곤충·양잠분야

8.1 곤충산업 현황

곤충(누에 포함)은 식품, 사료, 화장품, 애완, 신소재 등 다양한 분야에서 활용되는 미래의 지속 가능한 생물자원이다. 2020년 현재 인간과 직접 또는 간접적으로 연관된 곤충의 수는 약 15,000종으로 인간이 이용가능한 특성 및 유용물질을 다수 보유하고 있다.

2019년 현재 곤충산업 사업체는 2,535개소로 2016년 1,597개소에 비해 지속적으로 증가하고 있다. 2018년 2,318개소에 비해서는 9.4% 증가하였다. 업종별로는 생산업 사업체가 2,368개소로 가장 많고 다음으로 유통업 1,338개소, 가공업 525개소로 조사되었다.

표 12-52 곤충산업 사업체 현황 추이 (단위: 개소, %)

	2016	2017	2018 (A)	2019 (B)	증감률 (B−A)/A
생산	1,261	2,008	2,180	2,368	8.6
가공	44	422	499	525	5.2
유통	818	1,088	1,209	1,338	10.7
소계(중복포함)	1,597	2,136	2,318	2,535	9.4

자료: 농림축산식품부, "제3차 곤충·양장산업 육성 종합계획" 수정 인용.

지역별 곤충산업 사업체 신고현황을 살펴보면, 서울·인천·경기가 25.8%인 654개소로 사업체가 가장 많았으며 다음으로 대구·경북 469개소, 부산·울산·경남 301개소의 순으로 조사되었다.

표 12-53   지역별 곤충산업 사업체 신고현황(2019년) (단위: 개소, %)

계	경기 (서울 인천)	강원	충북	충남 (세종 대전)	경북 대구	경남 (부산 울산)	전북	전남 (광주)	제주
2,535	654	120	226	297	469	301	229	196	43
100	25.8	4.7	8.9	11.7	18.5	11.9	9.0	7.7	1.7

자료: 농림축산식품부, "제3차 곤충·양장산업 육성 종합계획" 수정 인용.

1차산물 판매농가는 2019년 2,576농가로서 2016년 818농가에 비해 3배 이상 증가하였으나, 2018년 2,750농가에 비해서는 6.3% 감소하였다. 품종별로는 흰점박이꽃무지를 판매하는 농가가 1,265농가로 가장 많았으며 다음으로 장수풍뎅이 352농가, 귀뚜라미 322농가 등의 순으로 조사되었다. 특히 2019년에 흰점박이꽃무지 판매농가가 2016년 대비 4배 이상 큰 폭으로 증가하였다.

1차산물 판매금액은 2019년 현재 405억 원으로 조사되었으며 2016년 225억 원보다 80% 증가하였다. 품종별로는 흰점박이꽃무지가 189억 원 46.6%를 차지하고 있으며 다음으로 등애등애 60억 원, 귀뚜라미 43억 원 등의 순으로 조사되었다. 대부분 품종의 판매금액이 2016년대비 증가추세이지만 장수풍뎅이는 2016년 61억 원에서 2019년 26억 원으로 판매금액이 감소한 것으로 조사되었다.

표 12-54	곤충별 1차산물 판매농가 및 판매액 추이				(단위: 백만 원, 명)

곤충별		2016	2017	2018 (A)	2019 (B)	증감률 (B−A)/A
장수풍뎅이	판매액	6,057	2,338	2,643	2,627	−0.6
	농가수	221	415	425	352	−17.2
사슴벌레	판매액	1,293	1,109	1,316	1,270	−3.5
	농가수	104	158	160	200	25.0
흰점박이꽃무지	판매액	8,842	16,646	15,338	18,904	23.2
	농가수	337	1,195	1,305	1,265	−3.1
갈색거저리	판매액	1,270	2,402	2,687	2,813	4.7
	농가수	91	282	291	265	−8.9
등애등애	판매액		848	2193	5,988	173.1
	농가수		51	60	94	56.7
귀뚜라미	판매액	1,671	5,649	4,586	4,274	−6.8
	농가수	32	384	399	322	−19.3
기타	판매액	3,382	5,510	8,743	4,654	−46.8
	농가수	33	93	119	121	1.7
소계 (중복포함)	판매액	22,514	34,502	37,506	40,530	8.1
	농가수	818	2,578	2,750	2,576	−6.3

자료: 농림축산식품부. "제3차 곤충·양장산업 육성 종합계획" 수정 인용.

곤충산업의 인프라는 체험학습장과 곤충생태공원이 운영되고 있으며 2019년에 각각 89개소와 14개소가 운영되고 있다.

표 12-55	곤충산업 인프라 추이				(단위: 개소)

	2016	2017	2018 (A)	2019 (B)	증감률 (B−A)/A
체험학습장	81	87	90	89	−1.1
생태공원	12	13	13	14	7.7
소계	93	100	103	103	0.0

자료: 농림축산식품부. "제3차 곤충·양장산업 육성 종합계획" 수정 인용.

8.2 양잠산업 현황

8.2.1. 누에 사육 현황

2019년 누에사육 농가수는 586호, 누에용뽕밭면적은 345ha, 누에사육량은 9,512상
자로 조사되었으며 이는 전년대비 사육농가, 뽕밭면적, 사육량이 각각 4.1%, 22.6%, 7.2%
감소하였다.

표 12-56	누에 사육 현황 추이				(단위: 호, ha, 상자)
	2016	2017	2018 (A)	2019 (B)	증감률 (B－A)/A
누에사육농가	816	735	611	586	－4.1
누에용뽕밭면적	579	480	446	345	－22.6
누에사육량	11,980	11,624	10,245	9,512	－7.2

자료: 농림축산식품부, "2019 기능성 양잠산업 현황조사 결과" 수정 인용.

누에 사육농가의 사육규모를 살펴보면, 6상자 미만 사육농가가 177농가로 30%를
차지하고 있으며, 다음으로 11~15상자 사육농가가 103농가, 16~20상자 사육농가가 88
농가, 6~10상자 사육농가가 86농가 순으로 조사되었다.

표 12-57	누에 사육규모별 농가수(2019년)							(단위: 호, %)
계	6상자 미만	6~10	11~15	16~20	21~30	31~50	51~99	100상자 이상
586	177	86	103	88	48	43	28	13
100	30.2	14.7	17.6	15.0	8.2	7.3	4.8	2.2

자료: 농림축산식품부, "2019 기능성 양잠산업 현황조사 결과" 수정 인용.

시도별 누에 사육량은 경북이 5,828상자를 사육하고 있으며 전체 사육량 9,512상자
의 61.3%에 해당한다. 다음으로 전북 790상자, 전남 547상자, 경기 518상자 등의 순이
었다.

표 12-58	시도별 누에 사육량(2019년)								(단위: 상자, %)

계	대구	경기	강원	충북	충남	전북	전남	경북	경남
9,512	6	518	344	394	215	790	547	5,828	870
100	0.1	5.4	3.6	4.1	2.3	8.3	5.8	61.3	9.1

자료: 농림축산식품부, "2019 기능성 양잠산업 현황조사 결과" 수정 인용.

2019년도 누에산물 생산액은 90억 원으로 조사되었으며 전년 79억 원 대비 13.0% 증가하였다. 종류별로는 건조누에가 50억 원으로 가장 생산액이 많았으며 다음으로 생누에 19억 원, 누에고치 8억 원 등의 순이었다.

표 12-59	누에산물 생산현황 추이						(단위: kg, 천 원/kg, 백만 원, %)

구분	2018년			2019년			증감률
	생산량	단가	생산액	생산량	단가	생산액	
누에고치	15,179	50	759	13,250	62	817	7.6
건조누에	46,305	86(열풍)~129(냉동)	5,122	42,970	86(열풍)~129(냉동)	4,987	−2.6
생누에	110,256	13	1,386	133,358	15	1,943	40.2
동충하초	840	195	164	757	177	134	−18.3
수번데기	1,944	153	296	2,727	167	373	26.0
잠분	4,137	35	145	4,215	35	148	2.1
홍잠	196	275	54	3,082	180	555	927.8
면역누에	2,100			20			
합계	180,957		7,926	200,379		8,957	13.0

자료: 농림축산식품부, "2019 기능성 양잠산업 현황조사 결과" 수정 인용.

2019년도 오디 생산농가는 2,780농가이며 재배면적은 853ha, 생산량은 4,691톤으로 조사되었으며 전년대비 농가수, 재배면적, 생산량이 각각 17.7%, 15.6%, 9.9% 감소하였다. 오디 단가는 2019년 8,600원/kg으로 2018년 8,200원/kg보다 4.9% 증가하였으나 전체 생산량 감소로 2019년 생산액은 403억 원으로 전년 427억 원보다 5.5% 감소하였다.

오디와 뽕잎을 합한 2019년 전체 생산액은 413억 원으로 2018년 436억 원보다 5.3% 감소하였다.

표 12-60 **오디 및 뽕잎 생산현황 추이** (단위: 호, ha, 톤, 원/kg, 백만 원, %)

		2018	2019	증감률
오디	농가수	3,377	2,780	−17.7
	재배면적	1,011	853	−15.6
	생산량	5,208	4,691	−9.9
	단가	8,200	8,600	4.9
	생산액	42,707	40,342	−5.5
뽕잎 (건조)	생산량	87.0	87.2	0.2
	단가	10,200	10,750	5.4
	생산액	887	937	5.6

자료: 농림축산식품부, "2019 기능성 양잠산업 현황조사 결과" 수정 인용.

8.2.2. 양잠 농가 현황

2019년 전체 양잠농가는 3,366농가로 조사되었으며 종사경력은 6~10년이 37.5%인 1,262농가로 조사되었으며 다음으로 11~20년 23.1%인 779농가, 3~5년이 20.4%인 686농가 등의 순으로 조사되었다.

표 12-61 **양잠 종사경력별 농가수(2019년)** (단위: 호, %)

구분	계	3년이하	3~5년	6~10년	11~20년	21년 이상
농가수	3,366	244	686	1,262	779	395
점유율	100.0	7.2	20.4	37.5	23.1	11.7

자료: 농림축산식품부, "2019 기능성 양잠산업 현황조사 결과" 수정 인용.

양잠농가의 연령분포는 61~70세가 40.2%인 1,352농가로 조사되었으며 다음으로 51~60세 966농가, 71세 이상 747농가 등의 순으로 조사되었다.

표 12-62 **경영주 연령별 양잠 농가수(2019년)** (단위: 호, %)

구분	계	40세미만	41~50세	51~60세	61~70세	71세 이상
농가수	3,366	30	271	966	1,352	747
점유율	100.0	0.9	8.1	28.7	40.2	22.2

자료: 농림축산식품부, "2019 기능성 양잠산업 현황조사 결과" 수정 인용.

양잠농가의 소득 현황은 1천만 원 이하가 57.1%인 1,923농가로 조사되었으며 다음으로 1~3천만 원 1,137농가 등의 순으로 조사되었다.

표 12-63 | 양잠소득 분포별 양잠농가수(2019년) (단위: 호, %)

구분	계	1천만 원 이하	1~3천만 원	3~5천만 원	5천~1억 원	1억 원 이상
농가수	3,366	1,923	1,137	198	71	37
점유율	100.0	57.1	33.8	5.9	2.1	1.1

자료: 농림축산식품부, "2019 기능성 양잠산업 현황조사 결과" 수정 인용.

09 임업분야

9.1 임가 및 임가 인구

2021년 임업 분야 가구는 103.8천 가구로 2020년 103.4천 가구에 비해 0.4천 가구 증가하였으나, 임업 분야 인구는 219.0천 명으로 13.8천명 감소하였다.

표 12-64 | 임가 및 임가 인구(2015~2021) (단위: 천 가구, 천 명)

	2015	2017	2018	2019	2020	2021
임가	90.5	84.0	82.2	80.0	103.4	103.8
임가인구	217.2	195.5	189.2	178.4	232.8	219.0
남자	109.4	97.8	95.5	90.4	119.2	113.5
여자	107.8	97.7	93.7	88.0	113.7	105.5

자료: 통계청, 2019년 농림어업조사

2021년 지역별 임가 수를 살펴보면, 경북이 전체 임가의 20.3%에 해당하는 21.1천 가구로 조사되었으며 다음으로 경남 15.1천 가구, 전남 14.4천 가구 순으로 조사되었다.

표 12-65 지역별 임가(2018년~2021년)   (단위: 천 가구)

	2018	2019	2020	2021
전 국	82.2	80.0	103.4	103.8
특·광역시	3.6	3.3	11.1	10.5
경 기	2.6	2.4	6.3	5.2
강 원	7.3	7.0	8.6	8.6
충 북	5.2	5.1	7.1	7.4
충 남	5.9	5.7	9.3	8.4
전 북	11.2	11.3	10.8	12.1
전 남	12.7	12.5	14.2	14.4
경 북	20.8	20.4	20.3	21.1
경 남	12.1	11.8	14.7	15.1
제 주	0.6	0.5	1.1	10.0

자료: 통계청, 2019년 농림어업조사

연령별 임가 인구는 60대가 72.4천 명(33.1%)으로 가장 많고, 다음으로 70세 이상 64.7천 명(29.5%), 50대 44.1천 명(20.1%)순이었다. 전년대비 60대와 70세 이상의 임가 인구가 증가한 반면에 50대 미만 세대는 전 연령층에서 임가 인구가 감소하였다.

표 12-66 연령별 임가 인구(2018년~2021년)   (단위: 천 명)

	2018	2019	2020	2021
계	189.2	178.4	232.8	219.0
30세 미만	22.5	18.4	29.9	19.6
30~39세	7.4	5.9	9.8	6.9
40~49세	13.8	12.0	17.5	11.4
50~59세	37.7	33.7	49.8	44.1
60~69세	53.6	53.4	68.9	72.4
70세 이상	54.2	55.1	57.0	64.7

자료: 통계청, 2019년 농림어업조사

2021년 임업 경영형태별 임가를 살펴보면 다음과 같다. 재배임업만 경영하는 가구는 85.5천 가구(전체 임가의 82.4%)이며 비재배임업만 경영하는 가구가 7.6천 가구(7.3%), 재배 및 비재배임업을 경영하는 가구가 10.7천 가구(10.3%)로 조사되었다. 2020년과 비교하여 비재배임업만 경영하는 가구는 감소하였으나 재배임업만 경영하거나 재배 및 비재배임업을 동시에 경영하는 가구는 증가하였다.

표 12-67	임업 경영형태별 임가 추이			(단위: 천 가구)
구분	2018	2019	2020	2021
전체임가	82.2	80.0	103.4	103.8
재배임업만 경영	73.3	71.2	79.2	85.5
비재배임업만 경영	3.6	3.7	17.3	7.6
재배 및 비재배임업 경영	5.3	5.1	6.9	10.7

자료: 통계청, 2019년 농림어업조사

2021년 생산형태별 임가추이를 살펴 보면, 비재배업 임가는 2020년보다 감소한 18.2천 가구로 조사되었다. 비재배업 임가의 생산형태는 취업 57.7%(10.5천 가구), 육림업 50.0% (9.1천 가구), 채벌목·양묘업 12.5%(1.3천 가구) 순이었다.

표 12-68	생산형태별 임가 추이			(단위: 천 가구)
	2018	2019	2020	2021
비재배업 임 가	10.5	10.5	24.2	18.2
육림업	7.4	7.3	13.8	9.1
벌목·양묘업	1.5	1.3	9.7	3.2
채취업	5.1	5.0	10.7	10.5

주: 2종류 이상의 중복 생산 가구가 있어 표 내의 합계는 일치하지 않음
자료: 통계청, 2019년 농림어업조사

채취업에 종사하는 임가의 채취품목으로는 약용류(95.2%)가 가장 많았으며, 다음으로 송이버섯(32.4%), 고사리(25.7%), 열매류(21.9%), 기타산나물(17.1%) 순이었다. 채취업 품목별 임가 가운데 약용류 채취 임가가 2020년보다 큰 폭으로 증가하였으며 송이버섯과 열매류 채취임가도 증가하였다. 반면에 기타산나물, 취나물 등을 채취하는 임가는 2020년보다 감소하였다.

표 12-69 **채취품목별 임가추이**   (단위: 천 가구)

	2018	2019	2020	2021
소계	5.1	5.0	10.7	10.5
송이버섯	2.2	2.2	2.4	3.4
기타버섯	0.8	0.5	1.3	1.1
열매류	1.0	0.6	1.7	2.3
취나물	0.5	0.5	1.2	0.7
고사리	0.9	1.1	2.9	2.7
기타산나물	0.6	0.5	2.7	1.8
약용류	0.6	0.4	1.3	10.0
수액류	0.9	0.8	0.6	0.3

주: 2종류 이상의 품목을 채취하는 가구가 있어 전체 수치와 표 내의 합계는 일치하지 않음
자료: 통계청, 2019년 농림어업조사

임산물을 재배하는 임가는 96.2천 가구로 전년대비 11.7% 증가하였다. 품목별로는 산나물 재배임가가 29.6%(28.5천 가구)로 가장 많았으며 다음으로 떫은감 재배임가가 26.8%(25.8천 가구), 관상작물 17.9%(17.2천 가구) 등의 순이었다. 품목별 임가는 밤(48.1%), 호두·잣·은행(28.1%), 복분자·산딸기(28.1%), 산나물(24.5%) 등 대부분의 재배 품목별 임가가 전년대비 증가하였으나 대추재배 임가는 전년대비 4.5% 감소하였다.

표 12-70 **재배 품목별 임가추이**   (단위: 천 가구)

	2018	2019	2020	2021
전체	78.6	76.2	86.1	96.2
산나물	22.5	22.2	22.9	28.5
약용작물	14.7	13.4	15.5	16.9
관상작물	11.6	11.4	16.2	17.2
표고버섯	2.6	2.7	3.3	3.3
떫은감	24.1	23.7	22.5	25.8
밤	11.7	11.1	7.7	11.4
대추	6.7	6.6	8.8	8.4
호두, 잣, 은행	6.1	6.1	6.4	8.2
복분자, 산딸기	2.9	3.3	3.2	4.1

주: 2종류 이상의 품목을 재배하는 가구가 있어 전체 수치와 표 내의 합계는 일치하지 않음
자료: 통계청, 2019년 농림어업조사

9.2 임산물 소득현황

2020년도 임산물 품목과 재배유형에 따른 기준면적당 소득을 살펴보면 다음과 같다. 먼저 산지재배 품목은 산마늘이 그리고 노지재배는 산딸기가 시설재배는 참나물의 소득이 가장 높은 것으로 조사되었다.

표 12-71	2020년 임산물 경영성과				(단위: 천 원)
품목		**총수입**	**경영비**	**소득**	**소득률(%)**
고사리	산지	10,698	4,286	6,412	59.9
	노지	14,795	7,018	7,777	52.6
독활	노지	27,977	3,097	24,880	88.9
두릅	산지	22,069	5,361	16,708	75.7
	노지	31,224	10,715	20,509	65.7
산마늘	산지	26,572	9,723	16,849	63.4
	노지	30,043	10,948	19,095	63.6
수액	산지	3,588	1,617	1,971	54.9
원추리	노지	23,570	9,694	13,876	58.9
	시설	25,204	12,161	13,043	51.8
취나물 (참취)	노지	24,236	13,511	10,725	44.3
	시설	63,723	15,726	47,997	75.3
곤드레	노지	30,240	12,521	17,719	58.6
목이버섯	시설	54,080	20,072	34,007	62.9
복분자딸기	노지	34,546	13,952	20,594	59.6
산수유	노지	17,577	5,516	12,061	68.6
산딸기	노지	50,063	19,213	30,850	61.6
오갈피	노지	16,426	6,653	9,773	59.5
참나물	노지	16,295	10,757	5,538	34.0
	시설	85,900	32,453	53,446	62.2
헛개나무	산지	7,937	4,183	3,753	47.3
	노지	10,103	5,387	4,716	46.7
마	노지	42,445	21,572	20,873	49.2

주: 기준면적은 1ha임. 단, 목이버섯은 1만봉이 기준임.
자료: 산림청, 2020년 임산물 소득조사

10 어업분야

10.1 어가현황

2020년 총 어가수는 43,149가구로서 2015년 54,793가구에 비해 21.3% 감소하였다. 양식어업 가구수는 23.4% 감소한 10,335가구였으며 어로어업가구는 20.5% 감소한 32,814가구였다. 양식어업 가구수는 2019년까지 증가추세였으나 2020년에는 2019년보다 32.4%나 큰 폭으로 감소하였다.

| 표 12-72 | 어업형태별 어가 현황 | | | | (단위: 가구, %) |

연도	총어가	양식어업	어로어업		
			소계	어선사용	어선비사용
2015	54,793	13,494	41,299	24,434	16,865
2016	53,221	14,347	38,873	23,446	15,427
2017	52,808	13,901	38,907	22,822	16,085
2018	51,494	15,323	36,171	20,819	15,532
2019	50,909	15,292	35,616	20,533	15,084
2020	43,149	10,335	32,814	18,922	13,892

자료: 농림축산식품부, 농림축산식품주요통계 2020

2020년 어가인구는 97.1천 명으로 2015년 128.4천 명에 비해 24.4% 감소하였다. 연령별 어가인구를 살펴보면, 19세 이하, 20~49세 이하, 50~59세 이하 어가인구가 각각 38.4%, 32.6%, 38.6% 감소하였고 60세 이상 어가인구는 9.2% 감소하였다. 60세 이상 어가인구는 2019년까지 증가추세였으나 2020년에는 2019년보다 17.8% 감소하여 전체 연령에서 어가인구가 감소하고 있다.

표 12-73 | 연령별 어가인구

(단위: 천명)

연도	소계	19세 이하	20~49세	50~59세	60세 이상
2015	128.4	12.5	27.6	31.9	56.4
2016	125.7	12.4	25.6	29.5	58.2
2017	121.7	11.0	23.2	27.4	60.2
2018	116.9	10.0	21.1	25.0	60.6
2019	113.9	9.0	19.4	23.2	62.3
2020	97.1	7.7	18.6	19.6	51.2

자료: 농림축산식품부, 농림축산식품주요통계 2020

10.2 어업생산동향

10.2.1. 어업생산량

어업생산량은 일반해면(연·근해)해역, 천해양식, 내수면 및 원양해역에서 생산(어획)한 수산물에 대한 통계조사 결과이다.

2020년 어업생산량은 3,713천 톤으로 전년(3,861천 톤) 대비 3.8%(−15만 톤) 감소하였다. 일반해면어업 생산량이 전년대비 2.2% 증가한 반면에 천해양식어업, 원양어업, 내수면어업이 각각 4.2%, 13.3%, 3.8% 감소하였다.

표 12-74 | 어업별 어업생산량 변화

(단위: 천 톤, %)

구　　분	2019년 (A)	2020년 (B)	증·감 (B−A)	증감률 (B/A)
합계	3,861	3,713	−148	−3.8
일반해면어업	912	932	20	2.2
천해양식어업	2,410	2,309	−101	−4.2
원양어업	504	437	−67	−13.3
내수면어업	35	34	−1	−3.8

자료: 통계청, 2020 어업생산동향조사

어업별 생산동향은 다음과 같다.

연·근해어업 생산량은 932천 톤으로 전년(912천 톤)대비 20천 톤(2.2%) 증가하였다.

멸치, 갈치, 살오징어 등의 어획량이 증가한 반면에 고등어류, 삼치류 등에 대한 조업 부진으로 어획량이 감소하였다.

그림 12-4 일반해면(연·근해)어업 주요 어(품)종 생산량 변화 　　　　(단위: 천 톤)

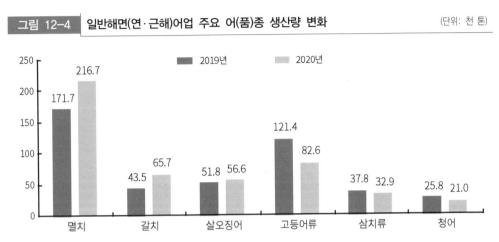

자료: 통계청, 2020 어업생산동향조사

　　천해양식어업 생산량은 2,309천 톤으로 전년(2,410천 톤)대비 101천 톤(−4.2%) 감소하였다. 중·대형인 조피볼락 등의 생산량이 증가한 반면에 생산비중이 높은 김류와 미역류 그리고 굴류 등의 생산량이 양식작황 부진 등으로 감소하였다.

그림 12-5 천해양식어업 주요 어(품)종 생산량 변화 　　　　(단위: 천 톤)

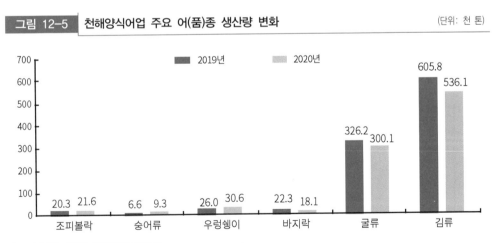

자료: 통계청, 2020 어업생산동향조사

원양어업 생산량은 437천 톤으로 전년 생산량 504천 톤에 비해 13.3%인 67천 톤 감소하였다. 황다랑어, 오징어류 등의 생산량이 증가한 반면에 어획량이 가장 많은 가다랑어, 꽁치 등의 어획부진 등으로 생산량이 감소하였다.

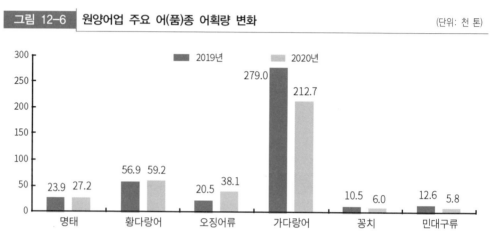

그림 12-6 원양어업 주요 어(품)종 어획량 변화 (단위: 천 톤)

자료: 통계청, 2020 어업생산동향조사

내수면어업 생산량은 34천 톤으로 전년(35천 톤)대비 1천 톤(-3.8%) 감소하였으며, 특히 뱀장어, 메기, 송어류 등의 생산량이 감소하였다.

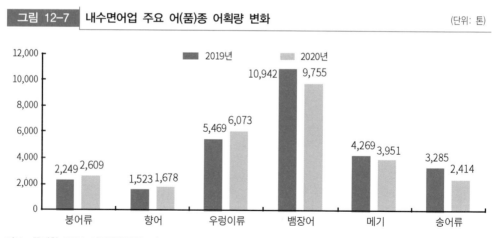

그림 12-7 내수면어업 주요 어(품)종 어획량 변화 (단위: 톤)

자료: 통계청, 2020 어업생산동향조사

10.2.2. 어업생산금액

2020년 어업생산금액은 8조 7,582억 원으로 전년(8조 3,663억 원)대비 4.7%(3,919억 원)
증가하였다.

연·근해어업은 어획 비중이 높은 멸치, 갈치, 참조기, 살오징어 등의 어획량 증가
등으로 전년대비 10.4% 증가였으며 천해양식어업도 굴류, 김류, 미역류 등의 가격 상승
으로 전년대비 3.5% 증가하였다.

그러나 원양어업은 어획량 비중이 높은 다랑어류(68.2%) 가운데 가다랑어, 꽁치 등
의 자원량 감소에 따른 조업 부진으로 전년 대비 6.7% 감소하였으며, 내수면어업도 뱀
장어, 메기, 송어류의 출하량 감소 및 소비 부진으로 전년 대비 8.4% 감소하였다.

표 12-75 | **어업별 생산금액 변화** (단위: 억 원, %)

구 분	2019년 (A)	2020년 (B)	증·감 (B−A)	증감률 (B/A)
합계	83,663	87,582	3,919	4.7
일반해면어업	39,571	43,669	4,097	10.4
천해양식어업	28,053	29,031	978	3.5
원양어업	11,191	10,442	−749	−6.7
내수면어업	4,848	4,441	−407	−8.4

자료: 통계청, 2020 어업생산동향조사

10.3 어류양식동향

10.3.1. 어류양식 경영체

2020년 어류양식을 경영하는 경영체 수는 1,601개로 전년(1,641개)대비 2.4%(40개)
감소하였다. 양식방법별 경영체 추이를 살펴보면, 축제식 경영체는 17.4% 증가한 반면
에 해상가두리 경영체, 육상수조식 경영체는 각각 3.4%, 1.9% 감소하였다.

| 표 12-76 | 어류양식방법별 경영체 추이 | | | | | (단위: 개, %) |

-	2015	2017	2019 (A)	2020 (B)	전년 대비	
					증감 (B−A)	증감률 (B/A)
합 계	1,769	1,651	1,641	1,601	−40	−2.4
해상가두리	1,131	1,040	1,017	982	−35	−3.4
육상수조식	587	560	565	554	−11	−1.9
축 제 식	43	39	46	54	8	17.4
병 행	8	12	13	11	−2	−15.4

주: 병행은 해상가두리+육상수조식, 해상가두리+축제식, 육상수조식+축제식
자료: 통계청, 2020 어류양식동향조사

2020년 지역별 어류양식방법별 경영체 수는 총 1,601개 가운데 전남 583개(36.4%), 경남 517개(32.3%), 제주 277개(17.3%), 충남 106개(6.6%), 경북 75개(4.7%) 순이었다.

해상가두리 경영체는 경남 484개(49.3%)로 가장 많았고, 전남 385개(39.2%), 충남 95개(9.7%), 경북 12개(1.2%) 순이었으며, 육상수조식 경영체는 제주 274개(49.5%), 전남 185개(33.4%), 경북 51개(9.2%), 경남 29개(5.2%) 순이었다. 축제식 경영체는 기타(전북) 24개(44.4%), 충남 11개(20.4%), 경북 10개(18.5%), 전남 9개(16.7%) 순이었다.

| 표 12-77 | 2020년 시·도별, 어류양식방법별 경영체 수 | | | | (단위: 개, %) |

-	합 계	해상 가두리	육상 수조식	축제식	병행
합 계	1,601	982	554	54	11
전 남	583	385	185	9	4
경 남	517	484	29	–	4
제 주	277	3	274	–	–
충 남	106	95	–	11	–
경 북	75	12	51	10	2
기 타	43	3	15	24	1

주: 기타지역은 부산, 울산, 강원, 전북
자료: 통계청, 2020 어류양식동향조사

2020년 어종별 경영체 수는 총 2,902개 경영체이며, 이 가운데 조피볼락 653개(22.5%), 넙치류 516개(17.8%), 참돔 418개(14.4%), 감성돔 260개(9.0%), 숭어류 200개(6.9%) 순이었다.

지역별 어종별 경영체 수를 살펴보면 조피볼락의 경영체는 전남 321개(49.2%)로 가장 많았고, 경남 247개(37.8%), 충남 70개(10.7%) 순이었으며, 넙치류의 경영체는 제주 254개(49.2%), 전남 186개(36.0%), 경남 32개(6.2%) 순이었다. 참돔의 경영체는 경남 246개(58.9%), 전남 164개(39.2%) 순이었다.

표 12-78 2020년 어종별, 지역별 경영체 수 　　　　　　　　　　(단위: 개, %)

–	합계	경남	전남	제주	충남	경북	기타
합계	2,902	1,141	1,115	339	124	117	66
조피볼락	653	247	321	6	70	8	1
넙치류	516	32	186	254	–	31	13
참돔	418	246	164	2	2	4	–
감성돔	260	111	142	1	6	–	–
숭어류	200	82	69	–	26	–	23
기타	855	423	233	76	20	74	29

주: 기타 어종은 돌돔, 농어류, 쥐치류, 기타볼락류, 가자미류, 능성어, 기타돔류, 방어류, 고등어 등
자료: 통계청, 2020 어류양식동향조사

10.3.2. 어류양식 생산량

2020년 어류양식 생산량은 882백 톤으로 전년(852백 톤)대비 3.5%(30백 톤) 증가하였다. 넙치, 조피볼락, 숭어류, 참돔, 농어류 생산량이 전반적으로 증가하였다.

2020년 지역별 생산량은 총 882백 톤이었으며 이 가운데 전남 277백 톤, 경남 270백 톤, 제주 248백 톤, 경북 40백 톤, 충남 35백 톤 순이었다.

2020년 어종별 생산량을 지역별로 살펴보면 다음과 같다. 넙치류 생산량은 제주가 234백 톤으로 생산량이 가장 많았으며 다음으로 전남 179백 톤, 경남 13백 톤, 경북 9백 톤 순이었다. 조피볼락 생산량은 경남 114백 톤, 전남 72백 톤, 충남 27백 톤 순이었으며, 숭어류 생산량은 경남 68백 톤, 전남 7백 톤 순이었다. 참돔 생산량은 경남 50백 톤, 전남 7백 톤, 제주 1백 톤 순이었다.

표 12-79	주요 어종별 생산량 추이					(단위: 백 톤, %)

–	2015	2017	2019 (A)	2020 (B)	전년 대비	
					증감 (B−A)	증감률 (B/A)
합계	854	864	852	882	30	3.5
넙치류	458	412	434	438	5	1.0
조피볼락	188	223	203	216	12	6.0
숭어류	68	68	66	84	18	27.8
참돔	62	68	55	58	3	4.6
농어류	18	20	8	8	–	–
기타	61	72	86	78	−9	−9.9

자료: 통계청, 2020 어류양식동향조사

표 12-80	2020년 지역별, 주요 어종별 생산량						(단위: 백 톤, %)

	합계	전남	경남	제주	경북	충남	기타
합계	882	277	270	248	40	35	12
넙치류	438	179	13	234	9	–	4
조피볼락	216	72	114	1	2	27	–
숭어류	84	7	68	–	–	4	5
참돔	58	7	50	1	0	0	–
농어류	8	2	6	–	–	–	0
기타	78	10	19	13	28	4	4

자료: 통계청, 2020 어류양식동향조사

10.3.3. 어류양식 생산금액

2020년 어류양식 생산금액은 9,237억 원으로 전년 8,178억 원에 비해 13.0% 증가하였다. 어종별 생산금액은 양식 비중이 큰 넙치, 조피볼락의 생산금액이 가격 상승 등으로 전년대비 증가하였으며, 참돔과 돌돔의 생산금액은 감소하였다.

지역별 2020년 생산금액은 총 9,237억 원이었으며 이 가운데 전남이 3,211억 원(34.8%)으로 가장 많고 다음으로 제주 2,919억 원, 경남 2,258억 원, 경북 439억 원, 충남 294억 원 순이었다.

　　다음으로 어종별 2020년 생산금액을 지역별로 살펴보면 다음과 같다. 넙치류 생산 금액은 제주 2,739억 원(50.8%)으로 가장 많았으며, 전남 2,356억 원, 경남 148억 원, 경북 106억 원 순이었다. 조피볼락 생산금액은 경남 852억 원, 전남 593억 원, 충남 242억 원 순이었으며 숭어류 생산금액은 경남 454억 원, 전남 55억 원, 기타(전북) 42억 원 순이었다.

표 12-81	주요 어종별 생산금액 추이					(단위: 억 원, %)
					전년 대비	
−	2015	2017	2019 (A)	2020 (B)	증감 (B−A)	증감률 (B/A)
합계	8,968	10,089	8,178	9,237	1,060	13.0
넙치류	5,042	5,841	4,308	5,392	1,084	25.2
조피볼락	1,861	1,712	1,555	1,712	157	10.1
숭어류	484	543	510	580	70	13.8
참돔	532	771	609	501	−108	−17.8
돌돔	183	146	228	148	−80	−35.0
기타	865	1,076	968	904	−64	−6.6

자료: 통계청, 2020 어류양식동향조사

표 12-82	2020년 지역별, 주요 어종별 생산금액						(단위: 억 원, %)
	합계 (B)	전남	제주	경남	경북	충남	기타
합계	9,237	3,211	2,919	2,258	439	294	117
넙치류	5,392	2,356	2,739	148	106	−	44
조피볼락	1,712	593	4	852	22	242	−
숭어류	580	55	−	454	−	29	42
참돔	501	54	5	438	4	0	−
돌돔	148	62	26	58	1	1	−
기타	904	91	145	308	307	21	31

자료: 통계청, 2020 어류양식동향조사

참고문헌

김배성 외 7인. 2017. 스마트시대 농업경영학. 박영사.

김용택 · 김석현 · 김태균. 2012. 농업경영학. 한국방송통신대학교출판부.

농림축산식품부. 재배면적조사, 각년도.

농림축산식품부, 농림축산식품 주요통계 각년도.

농림축산식품부, 2019 기능성 양잠산업 현황조사 결과.

농림축산식품부, 2020 말산업실태조사 보고서.

농림축산식품부, 2018 시설채소 온실현황 및 채소류 생산실적.

농림축산식품부, 2020 시설채소 온실현황 및 채소류 생산실적.

농림축산식품부, 2018 인삼통계자료집.

농림축산식품부, 2020 특용작물 생산실적.

농림축산식품부, 2020 화훼재배현황.

농림축산식품부, 2019 화훼재배현황.

농림축산식품부, 제3차 곤충 · 양잠산업 육성 종합계획.

농수산식품유통공사. 2017 주요농산물 유통실태.

농촌진흥청. 농축산물소득자료집, 각년도.

농촌진흥청 원예연구소. 2006. 한반도 사과재배지 변동예측지도.

산림청, 2020년 임산물 소득조사.

삼정KPMG경제연구원. 2019. 스마트농업, 다시 그리는 농업의 가치사슬.

신용광 · 이종원. 2022. 4차산업혁명과 스마트팜기술. 한국저장식품유통학회 심포지움.

신해식. 2010. 농업회계학. 강원대학교출판부.

안덕현. 영농설계. 한국농업전문학교.

이기웅. 2003. 농업경영학. 정문사.

통계청, 국가통계포털 KOSIS.

통계청. 농림축산식품 통계연보, 각년도.

통계청. 농어업법인조사, 각년도.

통계청. 2019년 농림어업조사.

통계청. 2020 어업생산동향조사.

통계청. 2020 어류양식동향조사.

한국농림식품정보과학회·지역농업네트워크. 2011. 차세대 농림수산식품정책IT 융합 마스터플랜 수립, 농림수산식품부.

한국농수산식품유통공사. 2011. 품목별 유통실태.

한국농촌경제연구원. 2012. 과채관측월보.

한국농촌경제연구원. 2018. 농업관측월보 2018.

한국농촌경제연구원. 2019. 농업전망 2019.

한국농촌경제연구원 내부자료. 2016.

한국무역협회(www.kita.net)

KREI. 2012. 농산물 유통구조개선 사업군 재정사업 심층평가

KOSIS 국가통계포털, 가축동향조사.

KOSIS 국가통계포털, 2020년 축산물생산비통계.

찾아보기

농업경영학 연습문제

농업경영학 연습문제

 부록

01 농업경영의 최대목표는 다음 중 어느 것인가?　　　　　　　　　　　　　(　)

① 작목선택의 원활화　　　　　　　② 농업 순이익(또는 소득)의 최대
③ 농업 생산비의 최소화　　　　　　④ 농업 조수익의 최대화

02 농업경영의 3요소가 아닌 것은?　　　　　　　　　　　　　　　　　　　(　)

① 토지　　　　　　　　　　　　　② 노동력
③ 경영기술　　　　　　　　　　　④ 자본재

03 농업의 입지를 설명하는 것은?　　　　　　　　　　　　　　　　　　　(　)

① 고립국　　　　　　　　　　　　② 비교생산비법칙
③ 수확체감의 법칙　　　　　　　　④ 토지의 적재력

04 경지의 2/3는 곡류를 재배하고 1/3은 휴한시켜 매년 교체하는 토지 이용방식은?　(　)

① 방목식　　　　　　　　　　　　② 곡초식
③ 삼포식　　　　　　　　　　　　④ 자유식

정답: 1. ②　2. ③　3. ①　4. ③

05 산출량과 그 생산에 필요한 투입량과의 관계를 나타내는 함수는? ( )

① 소비함수 ② 생산함수

③ 수입함수 ④ 비용함수

06 수확체감의 법칙이란? ( )

① 생산요소의 추가투입에 따른 추가생산(즉, 한계생산)이 감소한다.

② 한 생산요소의 추가투입에 의한 총생산이 감소할 때를 말한다.

③ 자원증투로 인한 평균생산이 감소한다.

④ 생산요소의 추가투입에 따른 추가생산이 증가한다.

07 생산함수의 3영역에 대한 설명이다. 틀린 것은? ( )

① 제1영역에서는 투입물을 추가적으로 계속 투입하는 것이 유리하다.

② 제2영역은 최대의 한계생산물을 얻는 투입수준에서 총생산물이 최대가 되는 점까지의 범위이다.

③ 제3영역에서는 한계생산물이 음(−)이 된다.

④ 합리적인 농업생산은 제2영역에서 이루어질 때이다.

08 여러 생산력간의 관계를 틀리게 설명한 것은? ( )

① TPP가 체증현상을 나타내면 APP는 계속 증가한다.

② MPP＝APP일 때 APP는 최대가 된다.

③ MPP＜APP일 때 APP는 증가한다.

④ 생산의 1영역은 MPP＞APP인 영역이다.

09 사료급여량을 1단위에서 2단위로 증가시키면 총증체량은 2단위에서 8단위로 늘어날 경우 한계
생산은? ( )

① 2 ② 4 ③ 6 ④ 8

정답: 5. ② 6. ① 7. ② 8. ③ 9. ③

10 단기적으로 생산물 가격수준이 평균비용을 보상하지 못하더라도 생산을 계속해야 되는 이유는?
( )

① 고정비용의 일부라도 회수하기 위해
② 유동비용을 회수하기 위해
③ 고용노임비를 회수하기 위해
④ 평균비용과 농산물 생산과는 상관없으므로

11 농업경영에서 농업 순수익이 최대가 되기 위한 조건이 아닌 것은? ( )

① 총수익과 총비용의 차액이 최대일 때
② 생산요소와 생신물의 가격비가 한계생산과 일치할 때
③ 한계수익과 한계비용이 일치할 때
④ 평균생산력이 생산요소와 생산물과의 가격비와 일치할 때

12 한 생산물의 일정량을 생산하는 두 생산요소의 결합을 표시하는 곡선은? ( )

① 등비용곡선 ② 생산대체곡선
③ 등생산곡선 ④ 생산가능곡선

13 다음과 같은 자원의 투입량과 산출량의 관계에서 빈 칸을 채우시오?

투입량	총생산량	평균생산량	한계생산량
0	0	0.0	–
1	2	2.0	2
2	7	3.5	5
3	16	5.3	9
4	35	8.8	(②)
5	51	(①)	16
6	60	10.0	9
7	65	9.3	5
8	62	7.6	−3

① 식: _____ 값: _____ ② 식: _____ 값: _____

14 등생산곡선을 설명한 내용으로 틀린 것은? ( )

① 우하향의 기울기를 가진다.

② 등생산곡선은 최소비용으로 어떤 생산물을 생산하기 위한 생산요소의 결합을 선택하는 데 유용한 개념이다.

③ 여러 개의 등생산곡선은 서로 교차할 수도 있다.

④ 원점에서 멀리 위치한 등생산곡선일수록 보다 큰 총생산량을 표시한다.

15 일정한 자원으로 두 종류 이상의 생산물을 생산할 때 각 생산물의 가능한 생산량 조합을 연결한 선은? ( )

① 생산가능곡선 ② 등비용선

③ 등생산력곡선 ④ 등수익선

16 동일한 생산과정에서 둘 이상의 생산물이 생산될 때 이들 생산물은? ( )

① 결합생산물 ② 보완생산물

③ 경합생산물 ④ 보합생산물

17 농업부기의 목적이 될 수 없는 것은 어느 것인가? ( )

① 경영성과의 평가분석과 미래의 경영설계에 필요한 자료를 제공한다.

② 후일의 증거서류로 보존함으로써 분쟁해결의 수단으로 할 수 있다.

③ 기록결과를 이해 관계자들에게 증거자료로 제시하고 통지하는 수단이 된다.

④ 자급자족 생산을 위한 것이다.

18 복식부기에 관한 설명 중 옳지 않은 것은? ( )

① 경영의 재산상태와 손익관계를 명확히 파악할 수 있다.

② 모든 재산의 증감변화를 기장한다.

③ 소규모경영의 기장 및 계산법으로 적합하다.

④ 거래가 발생하면 대변과 차변으로 2중 기록·계산함으로써 자기검증의 기능이 있다.

정답: 14. ③ 15. ① 16. ① 17. ④ 18. ③

19 농업부기의 자산에 대한 설명 중 틀린 것은?   (   )

① 화폐로서 그 가치를 나타낼 수 있는 재화와 권리이다.
② 농장 경영주가 가지고 있는 특수한 사양기술도 자산에 속한다.
③ 자산은 고정자산과 유동자산 그리고 유통자산으로 구분된다.
④ 자산은 적극적인 재산이라고도 한다.

20 다음 항목 중 농가의 자산으로 볼 수 없는 것은?   (   )

① 대동물   ② 토지
③ 건물   ④ 미지불금

21 농업부기의 자본에 관한 설명 중 틀린 것은?   (   )

① 자본＝자기자본＝순재산이다.
② 자본이 각종 재화로 구체화된 것이 자산이다.
③ 자산을 조달 원천측면에서 구분하면 자기자본과 타인자본이 된다.
④ 자본＝자산＋부채이다.

22 계정에 관한 설명으로 틀린 것은?   (   )

① 계정은 자산·부채·자본 등의 증감을 기록하고 계산하기 위해 설정한 회계단위이다.
② 대차대조표 계정에는 자산계정·부채계정·자본계정이 있다.
③ 손익계산서 계정에는 수익계정·비용·손익계정이 있다.
④ 계정에서 단위가 되는 명칭을 계정과목이라 한다.

23 자산을 A, 부채를 P, 자본을 K라 할 때 A=P+K라는 등식은?   (   )

① 손익계산서등식   ② 자본등식
③ 자본방정식   ④ 대차대조표등식

24 다음 중 거래가 아닌 것은? ( )

① 계약에 의하여 상품을 매각하고 계약금만 받다.
② 차입금에 대한 이자를 지급하다.
③ 창고용 대지에 대하여 임대차계약을 체결하다.
④ 창고의 식품이 변질되다.

25 대차대조표에서 차변합계와 대변합계는 일치되어야 하는 원리는? ( )

① 손익계산의 원리 　　　　② 거래평형의 원리
③ 대차평균의 원리 　　　　④ 계정과목의 원리

26 다음 중 차변 항목에 속하는 것은 어느 것인가? ( )

① 부채의 증가 　　　　　② 자본의 증가
③ 자산의 감소 　　　　　④ 자본의 감소

27 쌀 80Kg을 20만 원에 판매하였을 경우 이를 복식부기로 기입하면? ( )

현금	쌀 판매수익

28 경운기의 구입가격이 80만 원이고 10년 후에 폐기가격이 10만 원이라 할 때, 정액법으로 계산한 매년의 감가액은 얼마인가? ( )

① 15만 원 　　　　　② 10만 원
③ 8만 원 　　　　　④ 7만 원
⑤ 5만 원

		현금	쌀 판매수익	
정답: 24. ③	25. ③　26. ④　27.	50,000	50,000	28. ④

29 다음 표에서 적절한 용어를 찾아 번호를 기입하시오.　　　　　　　　　(　, 　)

농장의 영업활동에 따라 재산이 증감하면서 재무상태(자산, 부채, 자본)가 변화한다. 특정 시점에서 농장의 변화된 재무상태는 (　)에 나타나지만, 반면에 일정 기간 동안의 수익에서 비용을 차감한 경영성과는 (　)에 나타난다.

① 대차대조표　　② 시산표　　③ 손익계산서　　④ 정산표

30 대차대조표에서 차변합계와 대변합계는 일치되어야 하는 원리는?　　　　(　)

① 손익계산의 원리　　　　　　　② 거래평형의 원리
③ 대차평균의 원리　　　　　　　④ 계정과목의 원리

31 다음 자본 가운데 감가상각과 관계가 없는 자본은?　　　　　　　　　　(　)

① 육성중인 대동물　　　　　　　② 대식물
③ 대농기계자본　　　　　　　　④ 노동수단적 고정자본

32 손익계산서에 관한 설명 중 틀린 것은 어느 것인가?　　　　　　　　　(　)

① 1년 동안에 걸쳐 발생한 손익과 비용에 관한 거래를 기록하여 작성한다.
② 손익계산서는 1년 동안의 순수익 또는 순손실 발생액을 계산할 수 있다.
③ 손익계산서와 대차대조표는 서로 무관하다.
④ 손익계정은 단식부기 또는 복식부기에 의해 기록할 수 있다.

33 손익계산서 등식은?　　　　　　　　　　　　　　　　　　　　　　(　)

① 총수익＋이익＝총비용
② 총수익－총비용＝순이익
③ 총비용＋순이익＝총수익
④ 총비용－총수익＝손실

34 다음 각 계정을 이용하여 자산, 부채 및 자본을 구하시오.

외상매입금	180천 원	외상매출금	200천 원
받을어음	190천 원	재고농산물	160천 원
단기차입금	70천 원	현금	280천 원

자산합계: _____ 천 원, 부채합계: _____ 천 원, 자본합계: _____ 천 원

35 다음 각 계정을 이용하여 손익계산서를 작성하시오.

매출	900천 원	급여	200천 원
보험료	200천 원	광고선전비	100천 원
이자수익	200천 원	임차료	100천 원

수익합계: _____ 천 원, 비용합계: _____ 천 원, 당기순이익: _____ 천 원

36 농업경영비에 속하지 않는 것은?　　　　　　　　　　　　　　　　(　　)

① 고용노력비　　　　　　　　　　② 수선비
③ 감가상각비　　　　　　　　　　④ 자가노동보수

37 농가의 농업조수입이 20만 원, 경영비가 6만 원, 생산비가 10만 원, 가계비가 6만 원일 때 이 농가의 농업소득은?　　　　　　　　　　　　　　　　(　　)

① 20,000원　　　　　　　　　　② 40,000원
③ 100,000원　　　　　　　　　　④ 140,000원

38 생산비에는 포함시키지만 경영비에는 포함시키지 않는 비용은?　　　(　　)

① 구입비료비　　　　　　　　　　② 지불노임
③ 자가생산한 비료사용액　　　　　④ 농기구의 감가상각비

정답: 34. 830, 250, 580　　35. 1100, 600, 500　　36. ④　　37. ④　　38. ③

39 농업소득이란?   (   )

① 농업조수익에서 농업생산비를 뺀 잔액
② 농업조수익에서 농업경영비를 뺀 잔액
③ 농작물 생산액과 축산물 생산액 및 기타 농업생산액의 합계
④ 농가소득에서 농업생산비를 뺀 잔액

40 규모의 경제성이란?   (   )

① 생산량이 증가함에 따라 총비용이 증가하는 경우이다.
② 생산량이 증가함에 따라 총비용이 감소하는 경우이다.
③ 생산량이 증가함에 따라 장기평균비용이 감소하는 경우이다.
④ 생산량이 증가함에 따라 장기평균비용이 증가하는 경우이다.

41 화폐의 미래가치와 현재가치를 설명한 내용 가운데 틀린 것은?   (   )

① 화폐의 가치는 시간에 따라 달라진다.
② 화폐의 흐름과 시간과의 관계를 화폐의 시간적 가치라고 한다.
③ 미래의 어느 시점에서 평가된 가치가 화폐의 미래가치이다.
④ 현재의 시점에서 평가된 가치가 화폐의 미래가치이다.

42 현재금리가 i일 때, 현금(Po)의 n년 후 미래가치(FV)를 나타내는 식은?   (   )

① $FV = Po/i$
② $FV = Po \times (1+i)$
③ $FV = Po \times i$
④ $FV = Po \times (1+i)^n$

정답 : 39. ②   40. ③   41. ④   42. ④

43 투자계획의 경제성 분석을 설명한 것으로 다음 중 틀린 것은? ( )

① 회수기간법은 자금의 시간가치를 고려하여 최초의 투자가 회수되는 기간을 비교하여
  빠른 투자를 선택한다.
② 순현재가치(NPV)는 투자에 따른 매년의 예상수익을 현재가치로 할인한 금액의 합과
  당초투자액의 차이를 말하며, 이것이 0보다 크면 투자가치가 있다고 본다.
③ 내부수익률(IRR)은 투자에 따른 매년의 예상수익을 현재가치로 할인한 금액의 합과
  당초투자액이 같도록 하였을 때의 할인율을 말한다.
④ 당초투자액에 대한 투자에 따른 매년의 예상수익을 현재가치로 할인한 금액의 합의
  비율을 수익대 비용비율(B/C ratio)이라고 한다.

44 다음 설명중 틀린 것은? ( )

① NPV≥0이면 투자채택
② IRR≥조달자금 금리(r)이면 투자채택
③ B/C ratio>1이면 투자채택
④ 회수기간>5년이면 투자채택

※ 어떤 경영자가 생산한 곡물을 현재 시장에 판매할 경우 단위당 9만 원을 받을 수 있으며, 저장 후
  내년에 판매할 경우 15만 원, 10만 원, 7.5만 원을 받을 수 있다고 가정한다.

45 조건부 이득액 행렬을 작성하시오.

행동대안	사상(시장가격)		
	좋음	보통	나쁨
현재			
내년			

정답: 43. ① 44. ④ 45.

행동대안	사상(시장가격)		
	좋음	보통	나쁨
현재	90,000	90,000	90,000
내년	150,000	100,000	75,000

46 위험하의 의사결정 기준들을 적용하여 어떤 행동 대안을 채택할지 분석하시오.

① Maximin 기준: _____

② Maximax 기준: _____

③ Laplace 기준: _____

④ Hurwitz 기준: _____

47 농가가 쌀보리를 재배하여 1년에 17,500천 원의 조수익을 올리고 경영비는 7,500천 원이 소요된다고 가정하자. 이 농가는 앞으로 감자생산으로 작목전환을 모색하고 있다. 감자를 대체 생산하면 1년에 35,000천 원의 조수익과 20,000천 원의 경영비가 소요될 것으로 추정된다. 이 때 대체경영에 의하여 예상되는 경영성과는? ( )

① 10,000천 원의 순이익 증가가 예상된다.

② 5,000천 원의 순이익 증가가 예상된다.

③ 5,000천 원의 순손실 발생이 예상된다.

④ 이익도 손실도 발생하지 않는다.

＊ 다음 사례를 읽고 선형계획법의 문제를 구하시오.

A농장에서 오이(X_1)와 토마토(X_2)를 재배하고 있다.

오이는 10a당 노동시간이 6월에 12시간, 7월에 12.5시간이 필요하며, 10a당 8만 원의 소득을 얻는다. 토마토는 10a당 노동시간이 6월에 6시간, 7월에 20시간이 필요하며, 10a당 10만 원의 소득을 얻는다.

한편, 이 농장에서 이용가능한 자원의 양은 토지가 60a, 노동시간은 6월 60시간, 7월 100시간이다.

48 선형계획법의 목적함수와 제약조건을 작성하시오.

목적함수 (Z) = _____

제약조건 (토지): _____

(6월노동): _____

(7월노동): _____

(비음조건): $X_1 \geq 0, \quad X_2 \geq 0$

49 경영에서 산출된 생산가치의 총액을 경영 종사자 수로 나눈 것을 무엇이라 하는가? ( )

① 1시간당 생산성　　　　　　　② 1인당 생산성

③ 1경영당 생산성　　　　　　　④ 1일당 생산성

50 토지생산성이란? ( )

① 토지면적÷생산량　　　　　　② 생산량÷토지면적

③ 생산량×토지면적　　　　　　④ 토양의 성질

51 생산성에 대한 설명 가운데 틀린 것은? ( )

① 생산성이란 생산요소의 투입과 생산물의 산출비율을 의미한다.

② 생산성은 효율성과 다른 의미로 쓰인다.

③ 생산성 분석지표로는 노동생산성, 사료효율 등이 있다.

④ 1인당 생산량은 생산량을 영농종사자수로 나눈 값이다.

52 수익성 분석지표에 대한 설명으로 틀린 것은? ( )

① 수익성분석은 농장에서 일년동안 벌어 들인 돈에 대한 성과분석이다.

② 수익성분석은 대차대조표를 활용하여 일년 동안 번 돈과 사용한 비용의 크기를 비교한다.

③ 수익성을 파악하는 기준은 소규모 가족경영과 대규모 기업적 경영에 따라 차이가 있다.

④ 농어업 소득률은 농어업소득을 농어업조수입으로 나눈 값이다.

정답: 48. $Z = 8X_1 + 10X_2$, (토지): $X_1 + X_2 \leq 6$, (6월노동): $12X_1 + 6X_2 \leq 60$, (7월노동): $12.5X_1 + 20X_2 \leq 100$

49. ②　50. ②　51. ②　52. ②

53 농업경영의 안정성을 분석하는 지표가 아닌 것은?   (   )

　　① 유동비율   ② 고정비율

　　③ 부채비율   ④ 자본회전율

54 손익분기점(Break-even point)에 대한 설명으로 틀린 것은?   (   )

　　① 손익분기점은 매출액(수익)과 비용과의 상호관계에서 측정된다.

　　② 손익분기점에서는 매출액과 비용이 동일하다.

　　③ 손익분기점은 이윤과 손실이 제로가 되는 매출액을 의미한다.

　　④ 손익분기점보다 매출이 적으면 이익이 발생한다.

* 다음은 농수산농장의 경영실적이다. 다음을 읽고 손익분기점을 작성하시오.

항목		금액	고정비	변동비
생산비	감가상각비	1,000천 원	1,000천 원	
	자가노력비	500천 원	500천 원	
	비료비	1,200천 원		1,200천 원
	고용노임	100천 원		100천 원
	계	2,800천 원	1,500천 원	1,300천 원
조수입	농산물 판매액	5,000천 원		
	부산물 판매액	200천 원		
	계	5,200천 원		

55 공식법으로 순익분기점을 계측하시오.

정답: 53. ④   54. ④   55. 2,000

농업농촌 유망직업

농업농촌 유망직업

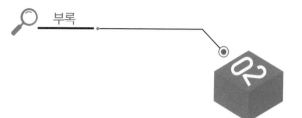

부록

02

01 농림축산식품부-미래성장산업 직업 10종

1.1 스마트팜 경영주(원예)

- 농사기술에 정보통신기술(ICT)을 접목하여 만들어진 지능화된 농장에서 농작물 재배환경을 분석하고, 스마트 폰 같은 모바일 기기를 통해 원격관리도 하는 등 과학적인 방법으로 농작물을 생산하여 가공, 판매를 하는 일
- 전북 김제 (주) 농산: 파프리카 단일 품목으로 일본시장 점유율 70%를 차지, 재배-상품화-유통-판매-관리까지 일괄관리 시스템으로 운영, 수출물량 연간 3천 톤 생산중임

1.2 스마트팜 경영주(축산)

- 축산기술에 정보통신기술(ICT)을 접목하여 환경변화에 민감한 가축들의 사육환경을 온습도와 환기량을 최적으로 관리하여 질병발생을 낮추고 높은 분만율을 유지하여 관리 및 생산하는 일
- 충남 논산 봉동농장: ICT를 활용한 환경관리 및 악취제거기술, 분뇨처리 자동화 시설을 도입하여 무오염, 무방취, 무방류 3無인 친환경 축산농산 구현

1.3 스마트팜 제어시스템 개발자

- 재배환경에 필요한 온도 습도, 일조량, 영양공급 등을 제어하는 센서 기술과 난방 및 급수, 영양공급 시스템을 자동으로 제어하는 통합정보 시스템을 구축하는 일
- 충남 부여 씨드림: 첨단 창조농업 실현을 위해 사물인터넷 기반 농작물 최적 생육환경제어를 위한 개방형 IOF 핵심플랫폼을 개발

1.4 6차산업 경영주

- 식량생산에만 국한되었던 농촌이 1차산업(농수산업)과 2차산업(제조, 가공업), 그리고 3차산업인 서비스업(농촌관광)을 융복합한 6차산업을 기획하고, 사업장을 경영하는 일
- 전남 장성 백련동 편백농원: 편백나무의 편백오일을 화장품, 비누, 베개 등 140여 종의 가공품을 생산하고, 편백숲체험과 편백을 활용한 다양한 체험사업을 운영

1.5 그린 마케터

- 건강과 환경을 생각하는 친환경 제품들을 생산하고, 환경 친화적인 상품기획, 유통, 광고 및 홍보 등을 하는 일
- 산들녘: 토양 오염을 막기 위해 자연에서 유래한 비료와 친환경 농법을 활용하여 최대한 자연친화적인 방법으로 '마'를 생산하여 분말가루, 환, 국수 등으로 가공 후, 친환경적 방법으로 포장하여 판매

1.6 농촌체험휴양마을 운영자

- 농업·농촌이 보유한 생태·자연·역사·문화·체험 등 다양한 어메니티 자원을 활용하여 다양한 볼거리, 체험거리를 제공하는 등 국민의 여가문화를 선도하고 지역경제 활성화에 기여하는 일
- 충남 청양 알프스마을: 자연산물인 조롱박과 겨울철 지리적인 영향으로 잘 녹지 않은 눈과 얼음을 활용하여 다양한 체험프로그램을 개발하고, 축제를 기획

1.7 음식관광 코디네이터

- 전통음식·건강음식·지역특산물 등 음식체험 관광테마를 개발하고, 특색음식의 발굴과 관광루트, 교통, 숙박, 음식점 등 입체적인 프로그램을 기획하는 일
- 임실 치즈마을: 한국 최초 치즈체험을 개발 운영하여 모차렐라 치즈 만들기, 피자 만들기 등 다양한 음식체험으로 연간 5만 명이 넘는 방문객을 유치

1.8 팜파티 플래너

- 농업인들과 도시민들이 농촌문화와 농산물을 주제로 자유롭게 정보를 교류하며 농촌과 농산물에 대한 인식의 변화를 제고하는 파티를 기획하고, 진행하는 일
- 양평 "물놀이 with 팜파티": 7월부터 9월까지 양평 농촌체험휴양마을에서 진행되는 팜파티, 팥빙수, 와플, 슬러시 등 다양한 여름간식과 인디밴드공연, 뗏목타기, 메기 잡기, 수박따기 체험 등 마을별 체험활동 진행

1.9 농식품 수출업자

- FTA와 WTO를 통해 농식품 시장의 개방화가 가속화되는 가운데 내수 지향적 생산 및 유통의 한계를 극복하고, 한류열풍과 맞물려 나타나고 있는 한국 음식에 대한 관심의 증대가 가속화되는 가운데 국내 농식품의 수출을 점차적으로 확대시키는 일
- 진안군 홍삼한방클러스터사업단: 15년 베트남 대표 식품유통업체인 로얄가든에 진안홍삼 20만 달러 수출 계약을 체결함

1.10 해외시장 개척 마케터

- 새로운 수출상품 개발로 신규수출을 계획하거나 기개발상품의 개선으로 신시장 개척을 통한 수출확대를 계획하고, 독창적인 마케팅 기법을 도입해 해외에서 우리나라 농산물의 수요를 창출해내는 일
- 케프코(Kfco·Kangwondo Food Co)협동조합: 강원도 먹거리 및 제조업체를 단일화

하여 상품의 우수함을 국내외로 알리기 위해 설립, 수출 상담과 수출물류관리, 무역통관, 서류준비, 해외 마케팅 등 수출에 관련된 모든 업무를 진행하고 있음

02 농촌진흥청-농업유망일자리 50선

구 분	분 야	일 자 리
1차 농산업 (6개)	유기농업	• 친환경병해충방제 전문가
	도시농업	• 도시농업 컨설턴트
	틈새농업	• 곤충전문 컨설턴트 • 약용식물전문 큐레이터
	생산지원	• 농작업 안전관리사 • 초음파진단 관리사
6차 산업화 (9개)	직 거 래	• 로컬푸드 직매장
	체험관광	• 농촌체험 해설사 • 음식관광 코디네이터 • 농촌 교육농장 플래너
	농 기 업	• 마을기업 운영자 • 전통식품 개발 전문가
	품질관리	• 식품위생 전문가
	소 비	• 그린마케터
농촌 삶의 질 (10개)	유 통	• 학교급식지원센터 종사자
	의 료	• 지역사회 보육간호사 • 재활 치료사
	치 유	• 치유농업 전문지도사 • 숲 치료사
	교 육	• 지역사회교육 코디네이터 • 식생활교육 전문가
	복 지	• 복지주거환경 코디네이터 • 노인돌봄 전문가 • 다문화 코디네이터
	고 용	• 농업노동력 고용서비스상담사

구 분	분 야	일 자 리
ICT 융복합 (6개)	I T 농업	• 정밀농업기술자 • 이력관리시스템 개발자 • 환경에너지제어관리 전문가
	스 마 트	• 스마트농업 전문가
	바 이 오	• 건강기능성식품 개발자 • 의약품신소재 개발자
농업· 농촌지원 서비스 (7개)	귀농귀촌	• 귀농귀촌 플래너 • 생태건축 전문가
	농촌개발	• 퍼머컬처 전문가 • 생태어메니티 전문가
	사회경제	• 협동조합 플래너 • 커뮤니티비즈니스 전문가
	경 영	• 농업경영 컨설턴트
문화·예술 (7개)	먹 거 리	• 유기농 카페 • 공정무역 전문가
	문화예술	• 전통공예 전문가 • 지역사회예술 기획자 • 공예박물관 큐레이터
	동 물	• 수의테크니션 • 재활승마치료사
환경·에너지 (5개)	환 경	• 기후변화전문가 • 지역재생연구원
	에 너 지	• 재생에너지 전문가 • 전환기술 전문가 • 자원재활용 전문가

03 한국에 없는 외국직업

분야	직업명
경영/행정	1. 그린마케터 2. 협동조합코디네이터
교육연구	1. 지역사회교육코디네이터
복지	1. 복지주거환경코디네이터 2. 가정방문건강관리사 3. 재활 및 교육 돌보미 4. 노년플래너 5. 약물알코올 중독전문가
의료	1. 원격진료코디네이터 2. 자연치료사
문화	1. 문화매니저 2. 도시재생전문가
농업 환경	1. 리싸이클링코디네이터 2. 에너지절감시설원 3. 숲치료사 4. 정밀농업기술자
동물	1. 동물관리전문가 2. 수의테크니션(동물간호사)

자료: 미래의 직업 연구 - 농업·농촌 부문(고용노동부 부처합동, 2013)

부록 3

참고자료 농업경제성분석

농업경제성분석
참고자료

03

01 고정자산 내용연수

1.1 수리구축물 내용연수

구축물명	구분	내용연수
소형관정		10
보	철근콘크리트	30
	콘크리트	25
	진흙	25
	목조	7
명거	콘크리트	15
	목조	5
암거	토관	15
	철제	10
	목조	7
소류지 및 용수정	철근콘크리트	60
	콘크리트	50
	석조	50
기타	싸이로(콘크리트)	50
	분뇨통(콘크리트)	30
과수지주	콘크리트	15
	목(죽)재	5
	철재	8

1.2 대농기구 내용연수

구분	기계명	내용연수
원동기	전기모터(2줄)	12
	전기모터(3줄)	14
	디젤엔진	10
	석유발동기	10
	가솔린 석유(공냉)엔진	6
	가솔린 석유(수냉)엔진	7
	동력경운기	6
	트랙터	8
	물레방아	7
경운정지	경운기 쟁기	6
	트랙터 쟁기	10
	디스크해로우	10
	트랙터 로터리	8
	경운기 로터리	6
	비닐피복기(소형경운기 부착용)	5
양수	양수기	8
	손펌프(인력)	10
	발펌프(인력)	10
	양수기 호수	3(5)
시비파종	메뉴어 스프레더	10
	라임 쏘우어	10
	부로드캐스터	10
	논벼직파기	7
	견인형 파종기(경운기 부착용)	5
	로터리 파종기(보리파종용)	5
	동력 비료살포기(석회, 규산질 시비용)	5
	육묘 파종기(육묘상자 파종기계)	6
	볏짚 절단기(퇴비용)	7
이앙	동력이앙기(수동식 포함)	5
방제	동력 분무기	8
	동력 살분무기	5
	인력 분무기	5
	고성능분무기(논벼용)	8
	동력 스피드 스프레이어(과수전용)	6
제초	동력 중경제초기(논에 사용)	5
	인력 제초기(논에 사용)	5

구분	기계명	내용연수
수확조제	바인더	5
	콤바인	5
	휴대용 동력 예취기	5
	동력 자동탈곡기	8
	반자동 탈곡기	8
	순환식 건조기	8
	평면식 건조기(석유 바나형태)	10
	풍구	5
	도정기	10
운반	경운기 트레일러	8
	트랙터 트레일러	12
	우마차	12
	손수레	5
	화물자동차	5
농산가공용	과일선별기	8
	동력제승기(새끼용)	5
	인력제승기	12
	인력가마니틀	12
	동력고구마 마쇄(절단)기	5
축산용구	동력 사료절단기	10
	동력 사료분쇄기	5
	동력 서강사료기	5
	인력밀봉 분리기	10
	사료자동 급여기	8
	알짜기	18
	병아리 키우는 기계	8
	착유기	10
	냉각기	5
	우유통	10
계량용구	말	10
	저울	15
기타	스프링클러 헤드	7
	육묘상자	51
	관리기	5
	온풍기	6
	환풍기	5
	기타 대농구(목제쟁기, 대형물통 등)	5

1.3 영농시설물 내용연수

시설구조 시설물명		내 용 년 수									비고
		목조 와가 단층	목조 와가 2층	목조 초가 단층	목조 초가 2층	목조 함석 단층	목조 함석 2층	철근 콘크 리트 건물	벽돌 또는 석조 건물	기타	
건물	주 택	60	60	50	50	40	40	80	70	30	
	헛 간	50	50	40	40	30	30	70	60	20	
	창 고	60	60	50	50	30	30	80	70	20	
	축 사	40	–	35	–	–	–	60	50	30	
	퇴비사	30	–	25	–	–	–	60	50	20	
원 예 시설물		철재(파이프)		목재		죽재		PVC			
		10		7		3		7			

※ 목조스레트는 목조 초가와 같은 기준으로 조사한다.

1.4 대동물 내용연수

구분		내용연수	성축연령
젖소	착육우	4	2
돼지	번식돈	2.5	8개월

02 기타

2.1 양곡 도량형 환산표

2.1.1. 양곡 100ℓ당 중량 환산표

곡종	100ℓ당 kg	ℓ당 g	곡종	100ℓ당 kg	ℓ당 g
정조	55.43	554	조(정)	78.71	787
현미	85.92	859	피(조)	39.91	399
백미	79.82	798	피(정)	76.50	765
외미	54.88	549	기장(조)	59.87	599
대맥	55.00	550	기장(정)	79.87	799
과맥	76.50	765	수수(조)	73.17	732
소맥	76.50	765	수수(정)	78.16	782
대과맥(정)	76.50	765	옥수수	74.83	748
맥주맥	64.86	649	보미	59.87	599
호맥	68.74	687	백쇄미	66.52	665
소맥(정)	81.49	815	대두	74.83	748
소맥분	55.43	554	소두	83.15	832
호맥분	55.43	554	녹두	83.15	832
연맥(조)	43.24	432	완두	79.82	798
연맥(정)	76.50	765	채두	78.82	789
압맥	69.84	698	땅콩(조)	36.59	366
교맥(정)	66.52	665	땅콩(정)	73.17	732
교맥(조)	53.22	532	참깨	60.0	600
조(조)	63.19	632	유채	60.0	600

주) 1ℓ=5.5435홉, 1석=180.39ℓ, 1홉=0.18039ℓ, 1석=1,000홉

2.1.2. 곡류별 정곡 환산표

구분	석당중량	1톤당 석수	정곡환산률(%) 용량	중량
벼	100kg	10.0석	50	72
현미	155	6.5	–	–
백미	144	6.9	–	–
대맥	99	10.1	47	65
과맥	138	7.2	77	72
소맥	138	7.2	100	72
대과맥(정곡)	138	7.2	–	–
맥주맥	117	8.5	68	80
호맥	124	8.1	100	81
소맥(정곡)	147	6.8	–	–
귀리(조곡)	78	12.8	30	53
귀리(정곡)	138	7.2	–	–
조(조곡)	114	8.8	75	93
조(정곡)	142	7.0	–	–
수수(조곡)	132	7.6	65	69
수수(정곡)	141	7.1	–	–
메밀(조곡)	96	10.4	70	88
메밀(정곡)	120	8.3	–	–
기장(조곡)	108	9.3	60	80
기장(정곡)	144	6.9	–	–
콩	135	7.4	100	100
팥	150	6.7	100	100
녹두	150	6.7	100	100
완두	144	6.9	100	100
채두	144	6.9	100	100
땅콩(조곡)	66	15.2	–	50
땅콩(정곡)	132	7.5	–	–
고구마(정곡)	130.2	7.7	–	–
감자(정곡)	122.25	8.2	–	–
참깨	112	8.9	–	–
들깨	112	8.9	–	–

2.1.3. 도량형 환산표(길이)

센치미터 (cm)	미터 (m)	키로미터 (km)	인치 (in)	피트 (ft)	야드 (yd)	마일 (mile)	자(尺)	간(間)	정(町)	리(里)
1	0.01	0.00001	0.3937	0.0328	0.0109	0.000006	0.033	0.005	0.00009	—
100	1	0.001	39.37	3.2808	1.0936	0.00062	3.3	0.55	0.009	0.00025
100,000	1,000	1	39,370	3,280.8	1,093.6	0.62137	3,300	550	9	0.25
2.54	0.0254	0.000025	1	0.0833	0.0278	0.000015	0.0838	0.0140	0.0002	—
30.48	0.3048	0.000304	12	1	0.3333	0.00019	1.0058	0.1676	0.0028	0.00008
91.44	0.9144	0.000914	36	3	1	0.00057	3.0175	0.5029	0.0083	0.0002
160,930	1,609.3	1.6093	63,360	5,280	1,760	1	5,130.8	885.12	14.752	0.4098
30.303	0.303	0.00030	11.93	0.9942	0.3314	0.0002	1	0.1667	0.0028	0.00008
181.82	1.818	0.00182	71.582	5.965	1.9884	0.0011	6	1	0.017	0.0005
10,909.1	109.091	0.1090	4,294.9	357.91	119.304	0.0678	360	60	1	0.0278
392,727	3,927.27	3.927	154,619	12,885	4,295	2.4403	12,960	2160	36	1

2.1.4. 도량형 환산표(넓이)

평방미터 (㎡)	아르 (a)	헥터 (ha)	평방키로미터 (km²)	평방피트 (ft²)	평방야드 (yd²)	에이커 (acre)	평방자 (平方尺)	평 (坪)	단보 (段步)	정보 (町步)
1	0.01	0.0001	0.000001	10.764	1.1968	0.000247	10.89	0.3025	0.001	0.0001
100	1	0.01	0.0001	1076.4	119.68	0.0247	1,089	30.25	0.1008	0.01008
1,000	100	1	0.01	107,640	11,968	2.471	108,900	3,025	10.083	1.008
1,000,000	10,000	100	1	10,764,000	1,196,800	247.114	10,890,000	302,500	1,008.3	100.83
0.0929	0.0009	0.000009	—	1	0.1111	0.000022	1.0117	0.0281	0.00009	0.000009
0.8361	0.00836	0.00008	—	9	1	0.00021	9.1054	0.2529	0.00084	0.00008
4,046.8	40.468	0.40468	0.0040	43,560	4,840	1	44,071.2	1,224.2	4.0806	0.4081
0.09182	0.00091	0.000009	—	0.9884	0.1098	—	1	0.0278	0.00009	0.000009
3.3058	0.0331	0.00033	0.000003	35.583	3.9537	0.00081	36	1	0.0033	0.00033
991.74	9.9174	0.09917	0.00099	10,674.9	1,186.1	0.2451	10,800	300	1	0.1
9,917.4	99.174	0.9917	0.0099	106,749	11,861	2.4506	108,000	3,000	10	1

2.1.5. 도량형 환산표(무게)

그램 (g)	키로그램 (kg)	메트릭톤 (M/T)	그레인 (gr)	온스 (OZ)	파운드 (Lb)	미톤 (s.t.)	영톤 (l.t.)	돈	근 (斤)	관 (貫)
□	0.001	0.000001	15.432	0.03527	0.002204	0.000001	—	0.2667	0.00166	0.000266
1,000	□	0.001	15,432	35.273	2.20459	0.0011	0.00098	266.67	1.6666	0.2666
1,000,000	1,000	□	—	35,273	2,204.59	1.1023	0.98421	266,670	1,666.6	266.66
0.064798	0.000064	—	□	0.002285	0.000143	—	—	0.01728	0.00108	0.000017
28.3495	0.02835	0.000028	437.5	□	0.0625	0.000034	0.000027	7.56	0.0473	0.00756
453.592	0.45359	0.00045	7,000	16	□	0.000504	0.00045	120.96	0.756	0.12096
907,180	907.18	0.90718	—	32,000	2,000	□	0.8929	241,915	1,511,968	241,915
1,016,050	1,016.05	1.01605	—	35,840	2,240	1.12	□	270,944	1,693.4	270.95
3.75	0.00375	0.000004	57,872	0.1323	0.00827	—	—	□	0.00625	0.001
600	0.6	0.0006	9,259,556	21.1647	1.3228	0.000601	0.00059	160	□	0.16
3,750	3.75	0.00375	57,872	132.28	8.2672	0.00413	0.00369	1,000	6.25	□

2.1.6. 도량형 환산표(부피)

입방센티미터 (㎤)	입방미터 (㎥)	입방인치 (in³)	입방피트 (ft³)	입방야드 (yd³)	데시리터 (㎗)	밀리리터 (㎖)	리터 (ℓ)	홉 (合)	되 (升)	말 (斗)	섬 (石)7
□	0.000001	0.06103	0.00003	0.00001	0.01	1	0.001	0.00554	0.00055	0.00005	0.000005
0.000001	□	61,027	35.3147	1.3080	10,000	1000,000	1,000	5,543.52	554.325	55.435	5.5435
16.3872	0.000016	□	0.00057	0.00002	0.1638	16.38	0.01638	0.0908	0.00908	0.00091	0.00009
28,316.8	0.02831	1,728	□	0.03703	283.169	28,316.9	28.3169	156.966	15.6966	1.5697	0.15697
764,511	0.76451	46,656	27	□	7,645.11	764,511	764.511	4,238.09	423.81	42.381	4.2381
3,785.43	0.00378	231	0.1337	0.00495	□	100	3.7854	20.983	2.0983	0.2098	0.02098
4,545.9	0.00455	277.42	0.1605	0.00595	0.01	□	4.5459	25.206	2.5206	0.2521	0.02521
1,000	0.001	61.027	0.03531	0.0013	10	1,000	□	5.5435	0.5544	0.0554	0.00554
180.39	0.00018	11.0041	0.0064	0.00023	1.8039	180.39	0.18039	□	0.1	0.01	0.001
1,803.9	0.0018	110.041	0.0637	0.0023	18.039	1,803.9	1.8039	10	□	0.1	0.01
18.039	0.01803	1,100.41	0.6371	0.0236	180.39	18,039	18.039	100	10	□	0.1
180.391	0.1803	11,004.1	6.3704	0.2359	1,803.9	180,390	180.39	1,000	100	10	□

n	1회 지불		등액지불				등차지불 계수
	복리 계수	현가 계수	복리 계수	감채기금 계수	현가 계수	자본회수 계수	
1	1.0500	0.9524	1.0000	1.0000	0.9524	1.0500	0.0000
2	1.1025	0.9070	2.0500	0.4878	1.8594	0.5378	0.4878
3	1.1576	0.8638	3.1525	0.3172	2.7232	0.3672	0.9675
4	1.2155	0.8227	4.3101	0.2320	3.5460	0.2820	1.4391
5	1.2763	0.7835	5.5256	0.1810	4.3295	0.2310	1.9025
6	1.3401	0.7462	6.8019	0.1470	5.0757	0.1970	2.3579
7	1.4071	0.7107	8.1420	0.1228	5.7864	0.1728	2.8052
8	1.4775	0.6768	9.5491	0.1047	6.4632	0.1547	3.2445
9	1.5513	0.6446	11.0266	0.0907	7.1078	0.1407	3.6758
10	1.6289	0.6139	12.5779	0.0795	7.7217	0.1295	4.0991
11	1.7103	0.5847	14.2068	0.0704	8.3064	0.1204	4.5144
12	1.7959	0.5568	15.9171	0.0628	8.8633	0.1128	4.9219
13	1.8856	0.5303	17.7130	0.0565	9.3936	0.1065	5.3215
14	1.9799	0.5051	19.5986	0.0510	9.8986	0.1010	5.7133
15	2.0789	0.4810	21.5786	0.0463	10.3797	0.0963	6.0973
16	2.1829	0.4581	23.6575	0.0423	10.8378	0.0923	6.4736
17	2.2920	0.4363	25.8404	0.0387	11.2741	0.0887	6.8423
18	2.4066	0.4155	28.1324	0.0355	11.6896	0.0855	7.2034
19	2.5270	0.3957	30.5390	0.0327	12.0853	0.0827	7.5569
20	2.6533	0.3769	33.0660	0.0302	12.4622	0.0802	7.9030
21	2.7860	0.3589	35.7193	0.0280	12.8212	0.0780	8.2416
22	2.9253	0.3418	38.5052	0.0260	13.1630	0.0760	8.5730
23	3.0715	0.3256	41.4305	0.0241	13.4886	0.0741	8.8971
24	3.2251	0.3101	44.5020	0.0225	13.7986	0.0725	9.2140
25	3.3864	0.2953	47.7271	0.0210	14.0939	0.0710	9.5238
26	3.5557	0.2812	51.1135	0.0196	14.3752	0.0696	9.8266
27	3.7335	0.2678	54.6691	0.0183	14.6430	0.0683	10.1224
28	3.9201	0.2551	58.4026	0.0171	14.8981	0.0671	10.4114
29	4.1161	0.2429	62.3227	0.0160	15.1411	0.0660	10.6936
30	4.3219	0.2314	66.4388	0.0151	15.3725	0.0651	10.9691
31	4.5380	0.2204	70.7608	0.0141	15.5928	0.0641	11.2381
32	4.7649	0.2099	75.2988	0.0133	15.8027	0.0633	11.5005
33	5.0032	0.1999	80.0638	0.0125	16.0025	0.0625	11.7566

n	1회 지불		등액지불				등차지불 계수
	복리 계수	현가 계수	복리 계수	감채기금 계수	현가 계수	자본회수 계수	
34	5.2533	0.1904	85.0670	0.0118	16.1929	0.0618	12.0063
35	5.5160	0.1813	90.3203	0.0111	16.3742	0.0611	12.2498
40	7.0400	0.1420	120.7998	0.0083	17.1591	0.0583	13.3775
45	8.9850	0.1113	159.7002	0.0063	17.7741	0.0563	14.3644
50	11.4674	0.0872	209.3480	0.0048	18.2559	0.0548	15.2233

2.3 에너지원별 석유환산, 탄소환산계수

구분	물량	단위	석유 환산계수	탄소 환산계수	kg CO2
원유	1	kg	0.010	0.829	0.03039667
휘발유	1	ℓ	0.740	0.783	2.12454000
실내등유	1	ℓ	0.820	0.812	2.44141333
보일러등유	1	ℓ	0.835	0.812	2.48607333
경유	1	ℓ	0.845	0.837	2.59330500
B-A유	1	ℓ	0.875	0.875	2.80729167
B-B유	1	ℓ	0.910	0.875	2.91958333
B-C유	1	ℓ	0.935	0.875	2.99979167
프로판	1	kg	1.105	0.713	2.88883833
부탄	1	kg	1.090	0.713	2.84962333
나프타	1	ℓ	0.745	0.829	2.26455167
항공유	1	ℓ	0.820	0.808	2.42938667
아스팔트	1	kg	0.835	0.912	2.79224000
석유코크	1	kg	0.785	1.140	3.28130000
천연가스(LNG)	1	kg	1.175	0.637	2.74440833
도시가스(LNG)	1	Nm³	0.955	0.637	2.23056167
도시가스(LPG)	1	Nm³	1.380	0.713	3.60778000
국내무연탄	1	kg	0.460	1.100	1.85533333
수입무연탄	1	kg	0.640	1.100	2.58133333
유연탄(연료용)	1	kg	0.595	1.059	2.31038500
유연탄(원료용)	1	kg	0.675	1.059	2.62102500
전기	1	kWh	−	0.1156	0.42386667
수도	1	m³	−	0.1598	0.58600000

자료: 국가에너지통계종합시스템(http://www.kesis.net/co/CO1303R.jsp)

저자 소개

신용광(愼鏞光, Yong Kwang Shin)

건국대학교 축산경영학과 졸업(경영학사)
Obihiro 대학 대학원 졸업(농업경제학 석사)
Iwate 연합대학원 졸업(농업경제학 박사)

한국농촌경제연구원 근무(전문연구원, 부연구위원, 연구위원)
한국농수산대학교 농수산비즈니스학과 조교수, 부교수
현 한국농수산대학교 교수
전공분야: 농업경영회계, 농업경영분석, 농산업비즈니스, 창업설계

제2판
농업경영학의 이해

초판발행	2019년 8월 20일
제2판발행	2023년 1월 10일
지은이	신용광
펴낸이	안종만·안상준
편 집	전채린
기획/마케팅	최동인
표지디자인	이영경
제 작	고철민·조영환
펴낸곳	(주)**박영사**
	서울특별시 금천구 가산디지털2로 53, 210호(가산동, 한라시그마밸리)
	등록 1959. 3. 11. 제300-1959-1호(倫)
전 화	02)733-6771
fax	02)736-4818
e-mail	pys@pybook.co.kr
homepage	www.pybook.co.kr
ISBN	979-11-303-1632-1 93320

copyright©신용광, 2023, Printed in Korea

정 가   19,000원